FI
LO
CA
LIA

Anne Bernet

# MÔNICA,

## MÃE DE SANTO AGOSTINHO

*Tradução* Diogo Chiuso

FI
LO
CA
LIA

Título original: *Monique – Mère de Saint Augustin*

*editor*
Edson Manoel de Oliveira Filho

*produção editorial*
Editora Filocalia

*preparação de texto*
Otacílio Palareti

*revisão*
Juliana Amato

*projeto gráfico*
Fernando Moser

*capa e diagramação*
Nine Design Gráfico | Mauricio Nisi



Dados Internacionais de Catalogação na Publicação (CIP) de acordo com ISBD

B526m

Bernet, Anne
Mônica: mãe de Santo Agostinho / Anne Bernet ; traduzido por Diogo Chiuso. - São Paulo , Editora Filocalia, 2023.
160 p. ; 13cm x 18cm.

Tradução de: Monique - Mère de Saint Augustin
Inclui bibliografia.
ISBN: 978-65-88143-20-9

1. Religião. 2. Espiritualidade. 3. Cristianismo. I. Chiuso, Diogo. II. Título.

2023-575 CDD 240
CDU 24

Elaborado por Vagner Rodolfo da Silva - CRB-8/9410
Índice para catálogo sistemático:
1. Religião : Cristianismo 240
2. Religião : Cristianismo 24

Editora Filocalia Ltda.
Rua França Pinto, 509 · São Paulo SP · 04016-002 · Telefone: (5511) 5572 5363
atendimento@filocalia.com.br · www.editorafilocalia.com.br

Este livro foi impresso pela Gráfica Paym em abril de 2023.
Os tipos são da família Apple Garamond. O papel do miolo é o Lux Cream 80 g., e o da capa, cartão Ningbo CS1 250 g.

# Sumário


I. Filha da Numídia . . . 7

II. A esposa de Patrício . . . 23

III. O "imperadorzinho" . . . 35

IV. A corrida das paixões . . . 47

V. "O fervilhar dos amores ilícitos" . . . 57

VI. Desgosto da vida . . . 71

VII. "Um filho de tantas lágrimas" . . . 89

VIII. "Milão" . . . 103

IX. A sombra de Ambrósio . . . 115

X. A entrega . . . 131

XI. Partidas . . . 143

Referências bibliográficas . . . 159

# I. Filha da Numídia

Talvez para homenagear alguma ancestral distante que tinha esse nome, seus pais[1] a chamavam de Monnica, abreviação de Monna,[2] ou Mônica. Escolha curiosa, vindo de católicos fervorosos. Monna era uma divindade local, antigamente muito venerada pelas populações púnicas entre Tagaste,[3] Hipona[4] e Numídia.[5]

---

[1] Agostinho, nossa única fonte, nunca deu os nomes de seus avós maternos, nem dos paternos. Algumas tradições, muito pouco confiáveis, mas mantidas por ordens que as reivindicaram, e também citadas pelos bolandistas, chamam a mãe de Mônica de Facunda ou Facundia.

[2] Durante muito tempo, afirmou-se que Mônica vinha do grego *mona*, que significa "solitário". No entanto, essa etimologia é totalmente controversa.

[3] Atualmente Sukh Ahras, Argélia.

[4] Hoje, cidade de Annaba, também na Argélia.

[5] Província romana que se situava no território onde hoje são a Argélia e a Tunísia ocidental.

"Todos os deuses dos povos são demônios", afirma a Escritura.[6] Oriundos de famílias cristianizadas há várias gerações, os pais de Mônica sabiam disso. Mesmo assim não hesitaram dar esse nome a uma de suas filhas,[7] seja por tradição, seja ainda porque alguma mártir chamava-se assim e, por isso, esse nome veio a ser santificado.[8]

Era mais uma das inúmeras particularidades de uma região cujo povo afirmava costumes diferentes para se distinguirem dos romanos, com quem, desde a destruição de Cartago, cinco séculos antes, os africanos[9] relutavam em se misturar. Os pais de Mônica eram, como seus compatriotas, cheios de contradições devido ao sangue misto que, na medida do possível, tentavam conciliar.

Com o tempo, entre os berberes autóctones foram se agregando os colonos fenícios, fundadores de Cartago, e depois os conquistadores romanos. O resultado foi uma grande mistura de populações em que, como em todo lugar, a latinidade terminou dando uma aparência de coesão. Os africanos foram romanizados sem que perdessem suas

---

6 Sl 95,5.

7 Nas províncias da África romana era comum o uso de nomes baseados em alguma divindade. Havia vários Saturnino, Serapião, Herácio, Isidoro, sem dúvida nascidos no paganismo. Porém, depois de convertidos, martirizados e venerados, esses nomes passaram a ser considerados cristãos, sobretudo a partir do século XI, e as famílias católicas nomeavam seus filhos assim. Por isso, não é impossível que alguma mártir local chamada Mônica tenha inspirado a escolha de seus pais.

8 Estamos longe de conhecer todos os mártires das perseguições romanas. Às vezes os arqueólogos, explorando túmulos esquecidos, descobrem alguns que estavam desconhecidos. A dificuldade no Norte da África é saber se são túmulos de católicos ou de membros de seitas cismáticas dissidentes.

9 A África romana, depois da separação do Império em duas partes, no fim do século III, foi anexada à parte ocidental, onde atualmente fica a Líbia, a Tunísia, a Argélia e o Marrocos.

particularidades ou sua tendência ancestral de se opor ao poder. A história local havia acumulado inúmeras revoltas, insurreições, brigas doutrinárias e cismas quando, a partir do final do século II, o cristianismo estabeleceu-se na região.[10] Mas não demorou para que rompessem com os costumes da Igreja de Roma e passassem a defender com unhas e dentes os costumes locais.[11]

Os africanos tinham a fama de terem sangue quente. Brigavam muito entre si. Os pais de Mônica foram privados dessa particularidade? Sim e não.

Embora romanizados, orgulhosos de serem descendentes de comerciantes, legionários e funcionários oriundos da Itália, e se gabarem de falar, com um sotaque pronunciado, um dos melhores latins do Império, conservavam em família o uso do púnico,[12] sua língua materna, e mantinham um apego feroz às suas origens. Mas isso não foi um obstáculo para permanecerem católicos quando a maioria dos cristãos africanos, vinte anos antes, pensavam em romper com Roma.

Tudo começou em 305. Constâncio I ascendeu ao trono na parte ocidental do Império[13] e pôs fim à perseguição que há uma década

---

[10] A certidão de nascimento oficial da Igreja africana data de 180, com o martírio de quatro cristãos de Madaure, perto de Tagaste. É o primeiro registro escrito de sua existência, certamente o mais antigo.

[11] O principal, contra o qual os papas não pararam de se insurgir, era a iteração do batismo: a obrigação de um cristão batizado em uma confissão dissidente ou herética ser rebatizado, enquanto a Igreja Católica o proíbe.

[12] Dialeto fenício falado em Cartago, extinto por volta do séc. VI. Se Mônica falava esse dialeto, não julgou útil que seus filhos o aprendessem.

[13] Em 285, Diocleciano, após sua ascensão ao trono, ciente de que a única maneira de salvar um império desmedido – que se estendia da fronteira persa até a Escócia, da Romênia ao Marrocos – e ameaçado por todos os lados, decidiu dividi-lo em duas

tinha o objetivo de erradicar os cristãos. Constâncio desaprovava a ideia de coibir os cultos, ainda mais porque toda a violência contra os cristãos durante o reinado de Nero, duzentos anos antes, tinha sido inútil. Aliás, o resultado foi o contrário: por razões inimagináveis, do sangue dos fiéis de Cristo derramado em abundância, surgiam novos adeptos, mesmo diante das torturas atrozes com que, em vão, tentava-se desencorajar o batismo.

Cansado de tanta violência, Constâncio decidiu pôr fim a ela a partir do momento em que chegou ao poder, mesmo porque apreciava a coragem daquelas pessoas que mantinham a fé. Além disso, quando era ainda um jovem oficial e, por isso, proibido de se casar, manteve por muito tempo uma concubina chamada Helena,[14] com a qual teve vários filhos. Ela pertencia à religião proibida.

Depois de anos de sofrimento e agonia, os cristãos da África não precisavam mais se esconder. Foi assim que tudo começou a mudar...

Porém, nessa prova da perseguição, diante do carrasco, da tortura, da morte, nem todos os batizados foram heroicos. Alguns, aterrorizados, apostataram nas primeiras ameaças. Outros, depois de presos, açoitados e famintos, não aguentaram o suplício e acabaram por negar a Cristo. Esse drama se renovava a cada onda de violência contra os cristãos, muitas vezes de proporções enormes,[15] de modo que a Igreja, recusando-se

---

partes, Oriente e Ocidente, que se subdividiram em outras duas partes. O Norte romano da África foi agregado ao Ocidente, junto com a Itália, a Gália, a Península Ibérica, a (Grã) Bretanha, metade dos Balcãs e os territórios germânicos.

[14] Santa Helena. Seu filho mais velho, Constantino, ascendeu ao trono e fez do cristianismo a religião oficial do Império.

[15] Durante a perseguição do imperador Décio, em 250-251, num período de relaxamento da moral cristã, inúmeras comunidades sucumbiram, com o aval de seus

a permitir que tantos dos seus membros acabassem no inferno, havia previsto um procedimento de penitência a esses *lapsi*,[16] que permitia que fossem reintegrados no seu seio.

Em 251, durante a perseguição do imperador Décio, o arcebispo de Cartago, Cipriano, defendeu que deveria ser oferecido perdão aos fracos.[17] Por isso foi censurado pelas comunidades mais exaltadas que reprovaram a sua indulgência exagerada. O curioso é que mais tarde o próprio Cipriano tenha morrido mártir. Mas os que resistiram e "permaneceram de pé" atribuíram a si mesmos todo o mérito e se esqueceram de que, sem a graça, também teriam caído. Então, orgulhosos, passaram a se autodenominar "puros", lançando todos os outros nas trevas exteriores.[18] Uma "Igreja de Puros", na qual a humildade e a caridade não eram mais as virtudes dominantes, que se constituía ao redor de Novaciano, um pretenso e lamentável candidato à Cátedra de Pedro. A divisão tornou-se cisma. A Igreja da África mal havia saído de uma crise e Dioclesiano, depois de uma década de acusação dirigida aos militares e autoridades cristãs, promoveu uma perseguição geral e deu fôlego novo ao cisma.

---

padres e bispos que conduziam seus rebanhos ao templo, para que todos se adequassem a uma legislação que parecia inócua, mas, em verdade, não compreendiam que essa obediência ao Edito Imperial equivalia a incensar a imagem de Roma e do Imperador, ou seja, era um ato de idolatria e, portanto, uma apostasia.

16 "Aqueles que escorregaram" e caíram; um *lapsus* (*lapsi* no plural) era um cristão que renegava a fé por medo das terríveis perseguições. Uma palavra emprestada dos combates dos gladiadores; indicava o combatente vencido.

17 Cipriano reconhecia a gravidade da apostasia, mas defendia que os apóstatas pudessem reconciliar-se após o arrependimento e uma severa penitência – cf. *De lapsis*, XIV, 16 e 29. (N. T.)

18 Mt 8,12.

Surgiu uma onda de apostasia nas comunidades africanas, e ao lado dos que negavam Cristo por medo da tortura apareceu uma nova categoria de "covardes", composta essencialmente de padres e bispos acusados de *traditores*,[19] ou seja, de terem obedecido os decretos que obrigavam a entrega dos arquivos de suas comunidades, as atas dos mártires e os livros sagrados para que as autoridades pagãs os queimassem.

Assim foi para alguns. Outros, como o arcebispo de Cartago, que podiam contar com a cumplicidade de amigos na alta administração, puderam usar de artimanha e entregar não os evangelhos, mas qualquer livro, e as autoridades fingiam estar satisfeitas.[20]

A questão era saber o que fazia deles *traditores*, o gesto de submissão, mesmo fingido, ou o conteúdo dos livros entregues. Sobre isso, a ala rigorista da Igreja Africana, os últimos novacianos, esses "Puros" que se acreditavam de volta às fileiras, mostravam-se intransigentes: a eles, obedecer ao decreto era uma covardia imperdoável. Acreditavam que todo clérigo que tivesse saído vivo da perseguição era suspeito de ter se comprometido com o poder pagão. Assim, de acordo com as normas eclesiásticas, os padres e bispos apóstatas deveriam ser depostos, reduzidos ao estado de leigos e substituídos, e por isso falsas acusações eram lançadas contra todos aqueles de que, por alguma razão, desejavam se livrar.

---

[19] Do latim *trado, tradire, traditus*: entregar, ceder.

[20] O arcebispo de Cartago, Mansúrio, foi muito hábil em entregar "o inferno" da biblioteca diocesana, que continha somente tratados heréticos; outros entregaram livros de culinária; mas também tiveram os que, temerosos, resolveram entregar os livros sagrados, porém, "tão deteriorados que não serviam para mais nada"...

Em Numíbia, a crise havia crescido em grande parte porque o clero e o episcopado dos setenta bispos locais[21] viram a oportunidade de se emanciparem da tutela, muito pesada para o seu gosto, do primaz da África, que era o arcebispo de Cartago.

No início do ano 313, enquanto em Milão o filho de Constâncio, que se chamava Constantino,[22] depois de tomar Roma, publicou um édito de tolerância que concedia reconhecimento oficial aos cristãos e também os protegia de processos judiciários, a disputa africana transformava-se em cisma sob a liderança do bispo numídico, Donato de Casa Nigra.[23]

Por várias razões que misturavam manifestações políticas, sociais, religiosas, autonomistas, essa segunda "Igreja dos Puros", que reivindicava o Reino dos Céus somente para os seus fiéis, teve um sucesso estrondoso. Tornou-se popular porque estava em ruptura aberta com a Igreja de Roma, a qual os africanos não apreciavam muito, e também com o papa, a quem eles se recusavam a obedecer todas as vezes que Sua Santidade pretendia alinhar os costumes das comunidades da África com os da Igreja universal.

---

21 Na época, cada grande comunidade cristã tinha o seu bispo, que governava o equivalente a uma grande paróquia atual.

22 Filho mais velho de Constâncio Cloro e Helena, sua concubina. Embora tivesse, em seguida, contraído um casamento digno de sua posição e tivessem muitos filhos, Constantino continuava sendo o seu filho preferido, a quem reservava o trono.

23 Donato era um nome muito comum na África romana, por isso ainda resta uma dúvida sobre a identificação de Donato, bispo de Casa Nigra e Donato, fundador do donatismo.

O primaz da África acabou recorrendo a Constantino, no intuito de resolver a disputa que, pelo interesse de todos, deveria ter se mantido no ambiente religioso. Mas o imperador, sendo incapaz de levar as facções à reconciliação, teria de usar a força e derrubar quase todos os cristianismos locais do lado donatista. Consciente de que seu apoio aos católicos, que eram minoria, provavelmente daria lugar a uma insurreição, ainda mais porque Donato atraía todos os descontentes ao seu redor, Constantino deixou que as províncias da África caminhassem para o cisma. Os donatistas, que eram maioria, haviam se organizado contra a Igreja, estabelecendo uma hierarquia e seu próprio clero; mobilizaram para sua causa os camponeses insatisfeitos com a política agrícola imperial e com os impostos excessivos – e eles rapidamente se tornaram saqueadores. A situação levou os mais prudentes a unirem-se ao cisma para evitar problemas com esses "devotos" armados e pavorosos chamados circunceliões.[24]

Em Tagiste e em toda a região, o número de fiéis a Roma havia decaído tanto que, em 340, havia somente algumas pequenas vilas com um punhado de famílias católicas,[25] "membros sensatos" da Igreja,[26] dos quais os pais de Mônica faziam parte. Os outros, diante de tantas brigas e aborrecimentos, se não haviam passado para o lado do donatismo, tinham retornado ao paganismo ancestral que se tornou o verdadeiro vencedor das lutas internas cada vez mais absurdas do cristianismo, afinal, não sustentavam nenhuma questão de crença.

---

[24] Do latim *circum cellas*, aqueles que rondam os celeiros com a intenção de saquear.

[25] "*Parva Civitas*", disse Santo Agostinho. As escavações do sítio arqueológico mostraram que Tagaste cobria uma superfície de aproximadamente 10 alqueires.

[26] Santo Agostinho, *Confissões*, IX, VII, 18.

Nessas condições, era necessário ter uma fé viva, firmemente enraizada, para manter-se fiel à religião que trazia tantos problemas e perseguições. Totalmente isolados, os pais de Mônica viveram uma situação precária e difícil durante anos. Eram pequenos proprietários de terras, como tantos outros, que viviam tranquilos até a chegada do severo aumento dos impostos que flagelou a classe média pressionada pelo Estado, que foi gradualmente empobrecendo até quase chegar à ruína.

No entanto, confrontadas com uma crise demográfica em razão de epidemias, fome e, por consequência, diminuição da natalidade deliberada e calculada, as autoridades imperiais, para garantir a arrecadação de impostos, passaram esta função aos nobres, principalmente os que exerciam funções municipais. A fortuna pessoal deles era a garantia dos impostos cobrados integralmente dos seus concidadãos. Eram reembolsados depois, mesmo que isso significasse coagir todos os que estavam em débito. Mas não demorou para que esse modelo se revelasse inviável, pois eram todos avarentos. Exceto os que tinham grandes fortunas, ninguém conseguia cumprir essa tarefa sem que comprometesse até seu último centavo. Então, desesperados, muitos nobres queriam renunciar a esse imposto que havia se tornado insuportável, mas se depararam com uma legislação que impedia a renúncia e ainda obrigava os filhos a sucederem os pais. O único meio de escapar era entrar para as ordens religiosas.

Foi assim que, em poucas décadas, a classe social dos *honestiones*,[27] exceção feita da margem superior de milionários, estava reduzida à vergonha, a um tipo de miséria indigna que, por orgulho, tentavam ocultar.

---

[27] "Os mais honrados", em oposição aos *humiliores*, os pobres.

Era o caso de Tagaste, e que se repetia em todo o Império. Pelo menos nisso, católicos, donatistas e pagãos estavam no mesmo barco, obrigados a se privarem de tudo para evitar que, por causa de impostos atrasados, os fiscais viessem confiscar as propriedades familiares que, naquele momento, mal forneciam o suficiente para viver.

Isso também explicava as queixas, as revoltas, os desgostos e os cismas. As pessoas já estavam no limite.

Nascida em 331,[28] Mônica ouvira falar, durante toda a sua infância, das revoltas, das crises, da violência, da pilhagem e assassinatos e, mesmo que Tagaste tivesse se preservado desse clima insurrecional, todos sabiam que suas escolhas, a lealdade ao catolicismo e ao poder imperial iriam deixá-los expostos aos ressentimentos de uma vizinhança cheia de donatistas fanáticos e pagãos obstinados. Sobretudo, tornava delicado todo casamento no seio de uma comunidade restrita e dilacerada, a ponto de os anos se passarem sem que houvesse crianças nesses locais.

Já os pais de Mônica tiveram vários filhos,[29] por isso era difícil se manterem. Não havia dinheiro para o dote e, se por um lado, Mônica, quando adulta, revelava ter uma grande inteligência,[30] um forte caráter e grande piedade, por outro, parecia não ter uma beleza excepcional.[31]

---

28 Data deduzida das *Confissões* de Santo Agostinho, onde ele diz que, quando nasceu, sua mãe tinha 23 anos.

29 Agostinho fala "os filhos", sem especificar quantos.

30 Quando trata da mãe, Agostinho fala "de gênio". A afirmação pode ser expressão do amor filial, mas ele tem certeza de que a sua imensa inteligência não é herança do pai.

31 Agostinho insiste na beleza espiritual da mãe, sem falar de seus atributos físicos; e não esconde o fato de que, até a conversão tardia do marido, ela seria muito traída. É claro que se pode pensar que ele, tendo-se tornado bispo, preferiu honrar mais as virtudes morais da mãe aos encantos transitórios. Mas é bastante provável que Mônica não tivesse uma beleza fora do normal.

Então, como eles iriam casá-la? Seus pais não tinham a menor ideia. Talvez nem se importassem tanto com isso.[32]

Desde o início eles haviam deixado a educação dos filhos aos cuidados de uma criada que, quando jovem, também havia cuidado do pai de Mônica. Agora, ela e os irmãos estavam sob os cuidados dessa mulher, uma católica intransigente e de uma severidade formidável, e isto satisfazia os seus senhores. Mônica e seus irmãos cresceram longe dos pais, que só eram vistos nas refeições. O resto do tempo, viviam sob a autoridade de uma criada dedicada, que não lhes permitia fazer nada de errado.[33]

Se lhes faltava a ternura materna, nunca lhes faltou a vigilância da criada. Ela tinha praticamente todo o poder sobre as crianças e o usava para proporcionar-lhes uma educação do tipo espartana, que envolvia o hábito de privar-se de comida e de bebidas. Assim, mesmo no calor do verão, as crianças, "devoradas por uma sede ardente", eram impedidas de beber água durante as refeições. E, se os pequenos reclamavam, a implacável educadora replicava:

– Agora bebem água porque não tem vinho, mas, uma vez casados e donos da despensa e da adega, a água lhes parecerá sem graça, quando o hábito do vinho prevalecer.

---

[32] *Confissões*, IX, VII, 18, com sua arte de deixar subentendido, destaca como seus avós não tinham ideia das qualidades extraordinárias da filha: "nem seu pai nem sua mãe podiam prever que mulher nasceria deles"; e que Mônica não deve muito das suas qualidades aos esforços da sua mãe: "Foi instruída na fé, na disciplina de teu Filho Unigênito, no seio de uma família fiel, porém, mais do que a diligência da mãe por sua educação, Mônica enaltecia a dedicação de uma velha escrava".

[33] Ibidem.

Quando adulta, Mônica viria a admirar "essa autoridade de comando que lhe permitiu conter os desejos da juventude e, entre as moças, educar a própria sede na justa medida, a ponto de não querer mais do que convinha". Aos 10 ou 12 anos, além do enorme desejo de beber jarros cheios de água fresca, ela tinha uma curiosidade, que se podia prever, em relação ao tal vinho que nunca havia provado, e que a velha criada tinha previsto que tomariam gosto tão logo provassem. Os frutos da videira, abundantes e comuns naquela região, foi se tornando para ela o fruto da tentação...

Chegaram os tempos da adolescência, em que a velha criada se foi. Com ela, também a vigilância constante e a estrita disciplina que havia imposto às crianças da casa. Uma nova criada a substituiu. Era apenas um pouco mais velha que as suas senhoras, e nutria uma inveja sorrateira de Mônica: sarcasmos, disputas infantis em que Mônica, somente pelo fato de ter nascido livre, enquanto a outra era serva, fez com que crescesse um ressentimento que estava prestes a explodir – o que acabou ocorrendo. A própria Mônica contou o caso, relatado nas *Confissões* de Santo Agostinho:[34]

> Segundo o costume, e porque os pais a tinham por sóbria, mandavam-na pegar o vinho no tonel. Ela mergulhava um copo pela abertura superior e, antes de colocar o vinho puro[35] na jarra,

---

[34] Ibidem, IX, VIII, 18.

[35] Os vinhos antigos eram mais pesados, espessos e alcoólicos que os atuais. Eles não eram bebidos puros, mas diluídos com duas medidas de água. Apenas os bêbados faziam diferente, pois queriam embebedar-se logo. Quanto às mulheres, por muito tempo foram proibidas de beber, e, na época, os castigos a uma mulher que fosse apanhada bebendo escondida eram muito severos. Nada muito diferente do que

molhava os lábios, mas não tomava mais porque suas inclinações recusavam.

Obviamente, ela conhecia bem suas motivações interiores; era menos uma tendência precoce à bebedeira do que uma vingança pueril às proibições da velha criada falecida.[36] No entanto, dia após dia, Mônica foi pegando gosto por essa transgressão e acostumando-se ao álcool, a ponto do seu organismo suportar grandes quantidades. Depois de algum tempo, as primeiras gotas tornaram-se pequenos goles; os pequenos goles tornaram-se grandes; então, os grandes passaram a copos inteiros... A infantilidade virou vício. Prova da indiferença dos pais em relação a ela. Nem o pai nem a mãe se deram conta de que a filha bebia escondido;[37] a única pessoa que conhecia esse segredo infame era uma criada que a acompanhava até a adega para iluminar com a lamparina – e ajudava apenas com o intuito de prejudicar sua jovem senhora.

Como já era costume, um dia elas desciam as escadas para pegar vinho. Mônica já estava um pouco bêbada e acabou brigando com sua cúmplice que, louca de raiva, perdeu o controle a ponto de insultá-la, segura de que ficaria impune, afinal, Mônica não ousaria reclamar e, além disso, não havia testemunhas. Assim, a criada xingou sua senhora de "asquerosa beberrona de vinho puro".[38]

---

somos acostumados, como evidencia os conselhos apreensivos da velha criada que havia constatado várias vezes as tendências solitárias do alcoolismo das mulheres da boa sociedade.

[36] *Confissões*, IX, VIII, 18: "Não fazia por tendência à embriaguês, mas pelo vigor da juventude, que se manifesta em atos inconsequentes, que são reprimidos pela autoridade dos adultos".

[37] "Na ausência do pai, da mãe e das amas", Ibidem.

[38] Nas *Confissões*, livro 9, cap. VIII, Agostinho usa o termo, "Meribibulam", um insulto

Mônica titubeou, mas no fim recebeu aquelas palavras como um tapa na cara. De repente, aquele golpe a deixou sóbria. Foi quando tomou consciência de seu vício, que se agravava com mentiras e dissimulação. A sólida educação cristã que recebeu da velha serva não tinha sido em vão. Ela havia incutido na menina os fundamentos da virtude,[39] o horror ao pecado, e a paixão pela verdade que emana de Deus.

Mônica via-se exatamente como era: uma menina beberrona que se embriagava escondido, que se entregava à desprezível escravidão da embriaguez. Isto fez crescer nela uma repulsa de si mesma, a ponto de fazê-la parar de beber e se desintoxicar rapidamente. Era preciso uma força de caráter e de vontade pouco comum a uma menina da sua idade. Mas Mônica as possuía, ou melhor – e nunca duvidou disso –, foi a graça divina que veio em seu socorro e lhe deu os meios para superar a si mesma e corrigir-se da "sua falha hedionda".

É bem provável que ela tenha sido batizada nessa época, porque quando criança supostamente era menos sujeita às tentações e menos exposta às ocasiões de pecado. O batismo, sem dúvida, ajudou-a bastante, porque houve uma grande mudança em seguida e ela até se tornou um modelo de "modéstia e temperança".[40] Por amor a Deus, submeteu-se totalmente a seus pais, que ficaram muito felizes com isso.[41]

---

popular da época.

39 Na Igreja Primitiva, a confissão ainda não existia como conhecemos hoje. Todo pecado cometido depois do batismo era difícil de expiar. Isso explica por que, embora a Igreja incentivasse o batismo de crianças, protelava-se o sacramento, principalmente quando se tratava de jovens, a fim de que a regeneração tardia apagasse o máximo de pecados.

40 *Confissões*, IX, IX, 19.

41 "Por Ti submissa a seus pais, mais que por seus pais a Ti", Ibidem.

Ela se mostrava uma pessoa equilibrada, não impulsiva, preocupada com o próximo, vigilante nas palavras. Também odiava as zombarias, as calúnias, as histórias que remoíam brigas e rancores de uma cidade pequena como Tagaste, que tinha apenas alguns milhares de habitantes, dos quais os católicos continuavam sendo minoria.

Porém, no final do ano 340, o donatismo começava a perder força. O exílio de Donato da Casa Nigra,[42] seus partidários e parte de seu clero, desorientou seu séquito. Os mais violentos, os circoncélios impenitentes, haviam se retirado para Aurés, organizaram-se como resistência e dedicavam-se à pilhagem. Os outros preferiam ser discretos, aceitando até mesmo a ordem do poder imperial para que pagãos e católicos partilhassem os santuários. Obviamente, isso não impediu uma desconfiança mútua, nem que os rivais se criticassem em tudo o que se fazia, mas pouco a pouco foi se estabelecendo certo apaziguamento.

Mas não o suficiente para permitir uniões entre os cismáticos e os fiéis a Roma. Mônica passou pelos 16, 17 e, finalmente, chegou aos 18 anos, idade em que a maioria das mulheres já era casada e mãe de família. Mas ela ainda não tinha encontrado um marido. Em Tagaste não havia nenhum católico solteiro disponível, e procurar entre os donatistas era inadmissível.

Se não fosse viver o celibato definitivo ou vestir o véu dos consagrados, seria preciso procurar um marido fora das comunidades cristãs – e isto revelava a gravidade das dissensões dos cristianismos africanos...

---

[42] A partir desse momento, ele desaparece, mas o donatismo prevalece.

# II. A esposa de Patrício

Não era uma decisão óbvia.

Embora a Igreja jamais tivesse proibido os fiéis de se casarem com pagãos e de tentarem convertê-los, muitas vezes a prática revelava-se perigosa para o cônjuge, ainda mais para um cristão, que poderia ser denunciado às autoridades e até condenado à morte por pertencer a uma seita proibida. Muitos maridos que se cansavam de suas esposas idosas, querendo pôr as mãos no dote ou na herança dos sogros, não hesitavam em denunciá-la ao juiz pelo crime de cristianismo.

Outros, pela incontestável autoridade que o direito romano dava aos pais de família sobre a esposa e seus filhos, usavam a coerção para fazer com que a esposa voltasse a cultuar os ídolos pagãos. Em meio à fé tíbia, os casamentos mistos levavam a um sincretismo destrutivo ou à indiferença religiosa. No início do século III, o papa Calixto, se não chegou a proibir os casamentos mistos, pelo menos passou a desaconselhá-los, para que os católicos pudessem se casar sem colocar em risco a salvação da alma. Eram encorajados a preferir partilhar a mesma fé a seguir os hábitos sociais, por isso autorizou os casamentos entre patrícios e plebeus, libertos e escravos.

Porém, mesmo dentro da Igreja, essa ideia foi inovadora demais, e a normas de Calixto acabaram caindo no esquecimento. Não demorou para que se voltassem a privilegiar a riqueza e a posição social. Os casamentos mistos também foram retomados. Em Roma, se nas famílias devotas a condição imposta pelos pais era a conversão do noivo ou da noiva, na maior parte dos casos passou-se a adotar um acordo de tolerância mútua. Com o Edito de Milão, em 313, e a "paz da Igreja", o fenômeno intensificou-se e, com isso, muitos pagãos tentavam agradar a Constantino, que não escondia ser simpático à fé católica de sua mãe. No fim das contas, essas uniões mistas tornaram-se habituais e chocavam apenas alguns rigorosos, cuja intransigência era motivo de zombaria.

Mas os pais de Mônica não faziam parte dessa categoria. No final dos anos 340, quando perceberam que não havia possibilidade de casarem a filha na comunidade, passaram a procurar, sem escrúpulos, algum candidato a esposo nas suas relações com os pagãos. Encontraram entre os decuriões[1] de Tagaste um certo Patricius Aurelius, que provavelmente[2] era descendente de colonos que se estabeleceram na África

[1] Não era o sub-oficial das legiões que comandava uma seção de dez homens, mas um dos dez magistrados locais que pertenciam, hereditariamente, ao conselho municipal da cidade.

[2] Os historiadores permanecem divididos na questão das origens de Patrício. Seu sobrenome em latim os encoraja a torná-lo um descendente de colonos, mas sempre considerando que esses ex-legionários eram recompensados, depois de vinte anos

dois séculos antes, quando terminou o tempo de seu serviço militar. Pequeno nobre, dono de uma modesta propriedade agrícola que ficava na saída da cidade, com alguns vinhedos e pomares, Patrício possuía também alguns escravos que davam mais despesa alimentar do que proveito no trabalho. Era um homem de meia-idade, tinha 45 anos, que vivia com sua velha mãe, jamais havia se casado e satisfazia seus apetites carnais com escravas e prostitutas.

Essa solteirice prolongada, pouco frequente, que se explicava pela notória devassidão, fez com que os pais de família hesitassem em dar-lhes a filha em casamento? Ou o caráter difícil e carregado do personagem? Ou da mãe, que era ainda pior? Talvez pelas dificuldades financeiras com as quais lutava e que não lhe permitiam constituir família. É claro que tudo isso não fazia desse homem o marido dos sonhos de qualquer jovem.

No entanto, este foi o partido que os pais, desesperados, acabaram escolhendo para Mônica. Mas como convenceram Patrício a se casar? Será que foi persuadido pelo dote, que nem era abundante? Ou foi pego pelo desejo de paternidade? Difícil saber. Mas, por volta do ano 350, ele se casou com Mônica.[3]

---

de serviço, com um lote de terra nas províncias, portanto, não eram necessariamente de origem latina – podiam vir de qualquer província do Império. Além disso, como Caracalla, por razões fiscais, concedeu a cidadania romana, em 212, a todos os homens livres, ser patrono não era uma prova determinante de que Patrício era romano; ele poderia ser, como sua esposa, um bérbere ou um púnico romanizado.

[3] Impossível saber exatamente a data do casamento, mas pode-se ter uma ideia se comparada à data de nascimento de Agostinho, no final de 354. Resta saber se ele era o mais velho ou o último dos três filhos de Patrício e Mônica. Agostinho disse que sua mãe "estava na plenitude de sua nubilidade", uma maneira amável de dizer que ela havia ultrapassado a idade legal do casamento: doze anos.

Tentavam convencer a jovem noiva de que seria uma união desastrosa. Mônica sabia, mas não encontrou nenhum meio de evitar. De acordo com a lei romana, uma filha passava da tutela paternal ao jugo conjugal. Seus sentimentos, desejos e sonhos contavam pouco. Ela não valia mais do que uma escrava e, às vezes, era até mais maltratada. O cristianismo não mudou muito essa realidade, a não ser oferecer às virgens a escapatória da vida consagrada, que muitos pais denunciavam como um ataque intolerável a sua autoridade, ou exigir do marido que respeitasse sua esposa, mas para isso o marido tinha de ser cristão e submeter-se à autoridade da Igreja.

Não era o caso de Patrício. E tudo levava a crer que a vida de Mônica se tornaria um pesadelo. Seus amigos e vizinhos, chocados em vê-la consentir passivamente com esse casamento, sufocaram-na com previsões pessimistas e angustiantes. Os familiares lamentavam, enumerando as tristezas e desilusões que a aguardavam, unindo-se a um homem conhecido pela brutalidade, por um caráter irascível e também pela devassidão. Ela não dizia uma palavra.

Lúcida e inteligente, Mônica sabia que não havia escolha: ou Patrício ou ninguém. Ela não tinha vocação celibatária; e como não lia histórias de amor – passatempo da moda que não era muito apreciado nos círculos católicos –, ela não imaginou nenhum Dáfnis[4] que, por amor, enfrentaria todos os perigos para salvá-la.

Patrício, quadragenário, mal-humorado e grosseiro, que morava com a mãe e as criadas, não era o tipo de homem que despertava uma ardente paixão numa jovem. Porém, sem fortuna nem beleza, Mônica

---

4 Dáfnis e Cloé, um dos grandes romances da Antiguidade. Para reencontrar sua amada, sequestrada por piratas, o herói corre mil perigos.

não poderia pretender algo melhor, e contentou-se com o marido pouco atraente que o céu lhe enviava. O céu, de fato, pois não tinha dúvida de que a Providência tinha preparado essa união desencantada.

Mônica não tinha lido romances, mas os livros sagrados. No entanto, mais romântica do que se supunha, via-se no papel de Ester, levando para Deus o pagão com quem havia se casado. Foi nessas disposições heroicas que ela se tornou a mulher de Patrício, com a firme intenção de fazer daquele bruto, adorador de ídolos, um fiel seguidor de Cristo.[5]

Ele não era mau, ela sempre soube. Por isso consentiu àquele casamento ruim. Patrício era apenas um homem tempestuoso, que perdia o controle à toa, dava murros na mesa, derrubava os móveis e quebrava a louça, berrava acusações e insanidades que logo em seguida esquecia. Suas preocupações eram as de todos naquela época: os impostos, que sempre aumentavam, e o dinheiro que era dado como garantia, mas nunca reembolsado. Essas coisas o enervavam e era preciso descontar em alguém. Mônica sofria em silêncio, de cabeça baixa, esses desatinos de raiva do marido.

Depois de gritar, destilar sua fúria e ameaçar tudo e a todos, a raiva de Patrício diminuía e era revelada uma faceta de pura bondade de seu caráter, uma generosidade real que infelizmente não tinha meios para exercer como gostaria. Era "uma bondade incomparável".[6] Nesses momentos, era possível obter quase tudo dele, e Mônica soube aproveitar essas oportunidades enquanto esperava outra cena de fúria, que nunca demorava a chegar.

---

[5] *Confissões*, IX, IX, 19.

[6] Ibidem.

Pouco importava: Mônica era uma psicóloga nata, compreendia que o prazer dos irascíveis é encontrar um alimento para sua raiva, e que eles se acalmam quando não lhes fornecem novos motivos. Era suficiente esperar e ficar em silêncio. Poucas mulheres eram capazes disso. Em geral, depois de algum tempo, não aguentavam e respondiam de modo atravessado. Então, tudo terminava sempre da mesma forma: o marido acabava batendo na esposa e, como achava bom que todos os vizinhos soubessem quem mandava em casa, cuidava de deixar algum machucado visível, um olho roxo, um lábio inchado, "sinais de pancadas que lhe desfiguravam o rosto".[7] Depois, para vingar-se, a vítima exibia as marcas da humilhação que havia sofrido, que eram o testemunho da sua queixa. Mas a cena se repetia constantemente, pois ninguém fazia nada para pôr um fim aos desentendimentos do casal.

Mônica decidiu não entrar nesse círculo vicioso, primeiro para não ter de suportar o peso da violência doméstica de que as mulheres não tinham como se defender, até porque lhe parecia estúpido provocar um homem que legalmente tinha todos os direitos sobre ela; além disso, Mônica pretendia converter Patrício. Ela estava certa de que, uma vez batizado, ele mudaria e se tornaria gentil, calmo, doce e fiel. Dessa forma, ele seria salvo. E essa era a tarefa que Deus havia lhe designado e que ela pretendia cumprir.

Muitos cristãos mantêm o hábito, que sempre persiste, de pensar que podem converter o próximo apenas com boas palavras, sem dar o exemplo nem mudar uma conduta pouco edificante. Mônica não pretendia evangelizar Patrício com palavras, mas com gestos. Ela seria a

---

7 É o que diz Santo Agostinho: "desonestada facie", Ibidem.

esposa cristã ideal e a perfeição da sua conduta levaria o marido a Cristo com mais segurança do que todos os discursos.

Ela sempre soube que aquele tipo de casamento era uma escravidão para as mulheres. Isso ficou claro no dia de suas núpcias, quando se leu o contrato que estabelecia sua nova condição.[8] A partir daí ela não tinha nenhum direito a se rebelar. Valia mais ser obediente e submissa para não oferecer ocasião para a violência masculina. Ela suportou tudo de forma serena: brigas, gritos, repreensões absurdas, adultérios, pois Patrício continuava a ir atrás de mulheres. Por tudo isso, e por maior que fosse a sua indignação, Mônica não se queixava, jamais se alterava nem se mostrava ciumenta.

Ela era indiferente? Ela poderia ter alguma afeição por ele, nascida da vida em comum, e é certo que o amava com um amor espiritual, desejando o seu bem e a salvação da sua alma, porém, jamais sentiu por aquele homem alguma atração ou paixão, por isso não se importava em vê-lo buscar prazer em outro lugar.

Mônica logo se deu conta das debilidades de Patrício e percebeu que era muito mais inteligente que ele. Então, para poder fazer as coisas que queria, sempre soube manipular a situação aos poucos, de uma maneira que ele percebesse.

Depois de um tempo, Patrício passou a admirá-la e respeitá-la, sentimentos que nenhuma mulher jamais havia inspirado nele antes. Suas explosões de ira tornaram-se raras e foram perdendo a intensidade, já que Mônica não lhe fornecia motivos. Ele jamais ousou levantar a mão para a esposa. Ela sempre esperava ele parar de gritar para explicar-lhe

---

[8] Ibidem.

calmamente como ele havia compreendido mal o que estava acontecendo, e não tinha motivo algum para ficar chateado. Como era sempre verdade, ele preferia não se expor ao ridículo. Assim, uma concórdia foi estabelecida entre eles: Patrício podia viver como bem entendesse, desde que deixasse a sua esposa livre para cuidar da casa, administrar seu tempo livre, praticar sua religião e, sobretudo, educar os filhos. E ela ainda continuava rezando para que seu exemplo e paciência abrissem uma brecha na alma daquele homem, por onde a graça pudesse tocá-lo, manifestando os cuidados e a ternura que lhe eram necessárias.

Todas aquelas mulheres que previram o pior ficaram impressionadas. Ao contrário de Mônica, viviam a exibir nas ruas os sinais das desarmonias conjugais aplicados pelos maridos tidos como mais corteses que Patrício. Perguntavam-se como ela conseguia. Mônica respondia dizendo que "o problema estava na língua delas", pois não sabiam calar e, por orgulho, insurgiam-se contra o marido, provocando as represálias que vinham reclamar. Algumas tomaram essas palavras como conselho, aprenderam a refrear os ânimos e logo conseguiram restaurar a paz no lar. Muitas mulheres ficaram gratas a Mônica,[9] e isso fez com que ela ganhasse certo prestígio, do qual se serviu para criar um ambiente de harmonia entre elas.

Esse pequeno mundo feminino vivia numa bolha. Como aquelas mulheres jamais tinham saído da cidade de Tagaste, estavam entediadas e só tinham como distração a fofoca, as confusões e as brigas. Qualquer incidente, qualquer palavra malposta poderia iniciar um conflito entre as melhores amigas; e as pessoas dos círculos sociais, apenas para se

---

[9] Ibidem.

divertir, colocavam lenha na fogueira, levando e trazendo o que uma falava da outra pelas costas, além de inventar alguns detalhes capazes de aprofundar a discórdia.

Mônica sempre se recusava a entrar nesse jogo. Ouvia, compreensiva, as queixas de suas amigas, sempre umas contras as outras, mas, em vez de aprofundar as desavenças, tentava propiciar um clima de reconciliação. Ela logo se destacou nesse papel de pacificadora, e isso fez com que o ambiente a seu redor se tornasse mais calmo.

Não há dúvida de que essa jovem só poderia encontrar essa "discrição", esse dom de desarmar a raiva, na prática religiosa. Ela assistia à missa todos os dias,[10] voltando para a igreja à noite "para rezar e não conversar"; fazia peregrinação às tumbas dos mártires locais, praticava, segundo os costumes tipicamente africanos decorrentes de práticas pagãs cristianizadas, a libação nos túmulos quando ia ao cemitério, e dava esmolas com tanta generosidade quanto lhe permitia o orçamento familiar apertado. Era guiada diariamente por essas práticas constantes, pelo seu senso íntimo do valor dos sacramentos e um profundo apego ao sacrifício eucarístico. Tudo isso a ajudava em suas decisões, pois lhe inspirava com uma sabedoria fora do normal, mas é claro que ainda não era o suficiente. Por muito tempo permaneceria "nos arredores da Babilônia",[11] muito longe da perfeição que um cristão autêntico deveria aspirar. Porém, com todo seu esforço, foi gradualmente purificando sua

---

[10] Ibidem, IX, XIII, 36.

[11] Ibidem, II, III, 8. Agostinho faz uma comparação com o mundo mal em que ele mesmo se deleitava na Babilônia, do qual sua mãe ainda não tinha saído completamente porque seu cristianismo não tinha sido purificado o suficiente para separá-la das vaidades mundanas e levá-la à Jerusalém eterna.

alma. Ela estava tentando ouvir o "Divino Mestre", Deus, que a "iniciou na escola do coração".

Pode-se dizer que o homem velho, ou melhor, a mulher velha,[12] com seus defeitos e suas faltas, seus pecados acumulados, permanecia viva nela como em todos os filhos de Eva, mas Mônica estava mais ciente do que a maioria do contágio desse mal que ela tentou arrancar por onde quer que encontrasse. É por isso que seus vizinhos a procuravam para buscar conselhos – porque ainda que Patrício a enganasse irremediavelmente, mesmo sob seu próprio teto, ele a respeitava a ponto de ir se deixando influenciar por ela aos poucos.

Se na sua ingenuidade masculina ele não se deu conta de que estava se deixando conduzir pelo nariz, as mulheres em seu entorno percebiam, mas não reclamavam. A começar por sua mãe.

Desde a viuvez, a velha senhora permaneceu como a única dona da casa, por conta dessa lei não escrita que fazia os filhos mais arrogantes se curvarem à vara materna. Patrício venerava a mãe, e sua solteirice prolongada, enquanto seu irmão já tinha se casado havia muito tempo, também se explicava pelo desejo de não irritá-la. É certo que a mãe não ficou contente quando soube da notícia do casamento de Patrício, ainda mais por saber que ele iria se unir a uma católica, religião pela qual ela não sentia nenhuma estima. Mas não conseguiu convencer o filho a

---

[12] Na Tradição católica, Jesus é o novo homem, ou seja, o "novo Adão", que, pela sua obediência e morte de cruz, reparou de forma superabundante a desobediência ocorrida no Paraíso. E a Virgem Maria, porque "cooperou livremente, com sua fé e obediência, na salvação dos homens", pronunciou o seu *fiat* (faça-se) e tornou-se a Mãe de Deus, portanto, uma nova Eva, totalmente preservada da mancha do pecado original – cf. *Lumen Gentium*, 56; e São Tomás de Aquino, *Suma Teológica*, 3. q. 30, a. I. c. (N.T.)

mudar de ideia e, então, foi obrigada a dividir a casa com Mônica. Não fez nenhum esforço para esconder a hostilidade que nutria pela nora. E as servas que satisfaziam os favores do senhor na esperança de serem libertas por conta de uma indulgência benevolente[13] também não viam com bons olhos a chegada da jovem esposa. Elas logo se uniram para deixar Mônica constrangida e nunca perdiam a oportunidade de procurar erros e apontar deslizes. Mônica cometia poucos, então elas não hesitavam em inventar alguns para denunciar à antiga senhora, esperando ganhar alguns favores por estarem ajudando a difamar a jovem esposa.

A difamação funcionou por algum tempo: a sogra, tramando contra a nora, estava feliz de incrementar o seu ressentimento com as acusações que lhe chegavam aos ouvidos. Mônica, porém, não pretendia ser inimiga irreconciliável da onipotente genitora de seu marido, portanto, manteve a sua conduta habitual: evitar qualquer oportunidade de briga, não reagir às provocações nem às palavras ofensivas da velha senhora. Era preciso sangue-frio para suportar tudo aquilo: a ira de Patrício, a perfídia da sogra e a postura desprezível das servas.

Com o passar do tempo, a sogra começou a encontrar algumas qualidades em Mônica. Logo também percebeu o jogo das servas e o denunciou ao filho, exigindo um castigo exemplar "às línguas malévolas que se interpunham entre ela e a nora".[14] Patrício ficou contrariado

---

[13] Na lei romana, uma escrava era um objeto, uma propriedade do seu senhor que podia dispor dela sexualmente o quanto quisesse. A cristianização do Império não chegou a pôr fim a essa prática, mas pelo menos conseguiu proibir que essas mulheres fossem prostituídas pelos seus senhores.

[14] *Confissões*, IX, IX, 20.

porque tinha dormido – e ainda dormia – com as moças acusadas, que tinham mais talento na cama do que a sua jovem esposa. Se as punisse como exigia a sua mãe, proporcionando a ela uma vingança contra aquelas mulheres que disputavam a afeição do filho, as desavergonhadas se irritariam e se tornariam menos carinhosas. Essa perspectiva o irritou.

No entanto, ele sabia que a experiência de contrariar sua mãe não era uma boa política, e acabou cedendo e dando um castigo exemplar às moças – e a velha mãe fez questão de assistir para ter certeza de que seria mesmo exemplar. Satisfeita, julgou que se tratava de uma questão de "deferência em relação a ela mesma, pela boa ordem familiar e a paz e harmonia dentro de casa". Ainda avisou às moças castigadas que seria pior se ousassem falar mal da nora para tentar agradá-la.

Nenhuma delas quis mais arriscar. E sogra e nora passaram a viver "numa doce e mútua benevolência digna de nota". Mas essa linda convivência não durou muito, porque a sogra não tinha idade suficiente para embalar os netos que Patrício lhe daria.

Ela morreu na metade dos anos 350. Mônica, então, tornou-se a única dona da casa.

# III. O "imperadorzinho"

Como era uma esposa ultrajada e submissa, Mônica dedicou aos filhos o amor, a ternura e a afeição que Patrício desprezava. No início dos anos 350, deu à luz três crianças: dois meninos e uma menina.[1]

O primeiro, Navígio, era um menino calmo, afetuoso e obediente. Tinha uma inteligência mediana que, Mônica supunha, não lhe daria problemas e cresceria satisfeito com suas condições e com a vida simples que o esperava. A menina[2] era apenas uma menina...

---

1 Os biógrafos antigos, por respeito ao direito de primogenitura, consideravam que Agostinho tinha sido o primeiro a nascer. Mas a maioria dos especialistas atuais acredita que, na verdade, ele tenha sido o último.

2 Os bolandistas, baseando-se em tradições não verificáveis, batizam-na de Perpétua; e afirmam que Mônica lhe deu esse nome por causa de sua devoção ao famoso martírio de Cartago – Santas Perpétua e Felicidade, que foram decapitadas no anfiteatro de Cartago no ano 203. Nos seus escritos, Agostinho não indicou o nome da irmã.

Como uma boa mãe, Mônica a amava, mas não podia esperar nada dela além de ensiná-la a ser uma boa cristã, o que lhe ajudaria, consequentemente, a encontrar um bom lar cristão.

Por que, então, quando deu à luz uma terceira criança, em 13 de novembro de 354, ela sabia que algo seria diferente?[3] Ela que era atenta aos sonhos, e procurava neles alguma mensagem celeste que deveria guiá-la em suas escolhas e condutas, nunca alegou ter recebido alguma pista sobre o futuro da criança, ainda durante a gravidez. Nada lhe foi revelado sobre o rebuliço que ele faria no mundo. No entanto, assim que ela o acolheu nos braços, teve a certeza que o destino daquela criança seria fora do comum. E era preciso muito otimismo para imaginar algo assim...

A vida cotidiana permanecia sempre muito difícil. A renda que vinha da propriedade, agora com três crianças, mal dava para sobreviver. E, do que podia lembrar-se na época, Tagaste era um pobre buraco provincial que nunca havia visto uma glória. O único conterrâneo que obteve algum destaque por causa da fortuna, e não por dons pessoais, foi Romaniano, que tinha uma posição senatorial. É verdade que não era grande coisa, pois já fazia muito tempo que o Senado Romano tinha apenas valor simbólico; o poder real estava nas cortes imperiais, Constantinopla, Milão ou Tréveris, onde nenhum nativo daquela vila jamais pisaria. Muito menos o filho de Patrício. No entanto, a cada olhada no berço, a jovem mãe tinha mais certeza de que aquela criança iria longe. Por isso, convenceu o marido que deveriam dar um nome proporcional ao destino que ela previa: *Augustinus*, ou seja, "pequeno imperador".

---

[3] *Confissões*, I, XI, 17-18.

Ninguém na família tinha um nome assim tão extravagante, principalmente para um recém-nascido de classe média, mas Mônica havia escolhido e Patrício não se opôs, porque essa escolha evitava um nome abertamente cristão que seria motivo de zombarias nos meios pagãos que frequentava. Também não se opôs à vontade da esposa quando ela exigiu, assim como tinha feito com as duas crianças mais velhas, que Agostinho recebesse a unção dos catecúmenos, que o permitia ser inscrito nas fileiras da Igreja. Isso ainda não tinha o valor do batismo, mas o costume de esperar o máximo possível antes de administrar o sacramento perdurava e, nesse ponto, Mônica partilhava as hesitações de seu meio.

Isso convinha a Patrício. Sem ser um grande devoto dos deuses antigos, ele permanecia, como boa parte do Império, ligado a crenças ancestrais, os festivais e a ausência de restrições morais que os acompanhavam. Porém, ao casar com uma católica, teve de aceitar a obrigação imposta pela Igreja de que deveria deixar os filhos crescerem na fé da sua esposa. De qualquer forma, no fundo, a sua única preocupação era que os filhos – porque filha não contava – , quando crescessem, preferissem as antigas divindades indecentes, cúmplices dos vícios humanos, às austeridades do cristianismo materno. Enquanto não fossem batizados, não havia mal algum em deixar que lhes colocassem um pouco de óleo na cabeça e uma pitada de sal nos lábios.

Já para Mônica, essa admissão oficial ao seio da comunidade católica era definitivo. A seus olhos, as três crianças eram cristãs, razão pela qual ela não permitia que o pai influenciasse na sua educação.

Depois da morte da mãe, Patrício tinha deixado a casa totalmente aos cuidados da esposa. Livre da sogra pagã, Mônica comprometeu-se a converter os escravos à sua fé. Quando Agostinho nasceu, todos na casa, exceto Patrício, eram católicos.[4] Quando o marido percebeu, já era tarde para protestar. Além disso, ele nem poderia, pois as legislações imperiais, ainda que não permitisse a perseguição aos cultos pagãos, não cessavam de limitar seus direitos e recursos.[5] Enfim, não havia nada que ele poderia fazer.

Normalmente os homens daquela época não se importavam com as crianças pequenas. Só começavam a ter algum interesse quando elas deixavam a primeira infância. Mas isso mudou com a força do vínculo entre os pequenos e a mãe. Mônica desconfiava dos costumes pagãos de Patrício e tinha necessidade de derramar seu amor sobre seus filhos. Cuidava deles com muita paixão e os amamentava, coisa que as mulheres na sua condição raramente faziam. Depois de dar de mamar e embalar Agostinho, ela imaginava um futuro prodigioso para ele, observando, nos seu balbuciar, nos seus sorrisos, os sinais de uma predestinação que faria dele um grande homem, e também se assustava com o impulso violento precoce de sua raiva. Ela não devia esquecer que era filho de Patrício. Então, passou a erguer uma muralha entre o pai e o filho, porque temia que fossem parecidos. Porém, mergulhados na fé da mãe, Navígio e Agostinho distanciaram-se daquele homem grosseiro, de mente mundana e com crenças vergonhosas e ridículas. Assim que atingiram

---

4 Ibidem.

5 Se, em 313, quando publicado o Édito de Milão, Constantino limitou-se a permitir o livre exercício da fé cristã, o segundo édito, de 323 – após conquistar a parte oriental do império na vitória sobre Licínio, seu cunhado pagão e coimperador –, favoreceu abertamente o culto cristão, mesmo que ele tivesse se recusado a impô-lo à força aos pagãos. Salta aos olhos, porém, que a tolerância passou a aplicar-se a cultos antigos, que poderia até ser revogado mais cedo ou mais tarde.

a idade apropriada para ouvir sobre Deus, Mônica os catequizou, colocando a lei divina acima de tudo, sobretudo da autoridade paterna.[6] Isso seria suficiente com Agostinho?

Preguiçoso, o menino odiava estudar. Mas aprendeu a ler em uma velocidade surpreendente, e fazia perguntas desconcertantes quando se dignou a interessar-se por alguma coisa além dos jogos, que eram a sua atividade favorita. Por volta do ano 360, ele já tinha idade suficiente para ir à escola. Mônica confiou a formação religiosa do filho aos padres da paróquia de Tagaste, pois eles poderiam responder melhor às perguntas complexas que o menino já levantava sobre a natureza e o ser desse Deus onipotente sobre quem ele ouvia falar constantemente, mas nunca tinha visto.[7] Agostinho tinha 7 anos e sua relação com Deus era pragmática: ele esperava ajuda nas suas dificuldades escolares...

O professor da escola de Tagaste ensinava a ler, escrever, um pouco de cálculo, geometria e uma iniciação à gramática e à literatura. Raramente seus alunos tinham interesse em estudar. Para fazer com que as lições entrassem na cabeça deles, recorria aos castigos corporais. Por um nada qualquer, choviam golpes de régua nos dedos das crianças, e a vara castigava as panturrilhas e as nádegas. Por isso, os alunos não faziam malcriação. Exceto Agostinho...

A desgraça dos superdotados – e Agostinho era um – é uma escola terrivelmente entediante. Ele só se divertia com os jogos de bola. Também gostava de ficar sozinho num canto qualquer, arrebatado pela

---

[6] *Confissões*, I, XI, 17-18.

[7] Ibidem, I, IX, 14. "Aprendemos a compreender que existe um ser Supremo, capaz de nos ouvir e socorrer, embora imperceptível aos nossos sentidos".

contemplação fascinante de uma aranha tecendo sua teia ou de um lagarto aquecendo-se ao sol. Isso o absorvia até perder a noção do tempo.[8]

Então, chegava atrasado à escola, havia desistido de aprender as lições e sempre era castigado por isso. Mas, em vez de mudá-lo, a violência teve o efeito oposto. Agostinho ficava cada vez menos interessado, e a obrigação de ir à escola tornou-se para ele "uma grande dor e um grande tormento". Seus pais não tinham nada a fazer a não ser rir...

Porque Patrício tinha o chicote como método de educação. Já Mônica não se deixaria tocar por tais "insignificâncias". Apostava muito em Agostinho, no futuro grandioso que vislumbrava para ele – que consistia em longos estudos –, por isso jamais poderia tolerar essas preocupações ridículas de criança mimada... Ele devia ir à escola e, se não quisesse ser castigado, a solução era estudar, algo que, evidentemente, ele repugnava. Então, ela resolveu rezar: "era ainda pequeno, mas grande era o fervor com que eu te implorava para evitar os castigos na escola".[9]

Certamente, esse Deus que seus catequistas apresentaram-lhe como "capaz de ouvir e socorrer", nem sempre ouvia.[10] E Agostinho persistia na preguiça e na recusa em estudar. Mas não era apenas esse problema. Seu caráter difícil foi acentuando-se enquanto ele crescia. Comilão, começou a roubar doces e guloseimas. Ora ele os engolia, ora os distribuía aos amigos para tentar convencê-los a jogar com ele, ainda que fosse desonesto para vencer, embora não admitisse o mesmo e se

---

[8] Um fascínio que ele manteve por toda a vida, pois lamentava, quando já era bispo, de ainda ser capaz de perder tempo contemplando os esplendores da Criação.

[9] *Confissões*, I, IX, 14.

[10] Ibidem.

enfurecia quando vinha a ser derrotado.[11] Era um mentiroso, mas, ao ser descoberto, ficava enfurecido e até agredia.

Então, em vez de implorar a Deus para poupá-lo dos castigos merecidos, cansado de não ser correspondido, recorria às tramas mais instigantes e às mentiras mais eficazes, que lhe permitiam abusar de seus pais e mestres.[12] Quando, porém, era descoberto, eles perdoavam a sua conduta. Assim, "a paixão pelo jogo" foi seguida por outros prazeres menos inocentes, incluindo os espetáculos. Tagaste era uma cidade pequena demais para ter um teatro ou uma arena, mas às vezes alguns grupos de atores itinerantes, mímicos, adestradores de animais e gladiadores estropiados apresentavam-se em praça pública. Esses histriônicos de última categoria, grosseiros e totalmente vulgares, arrancavam risadas do público com histórias imorais e gestos indelicados. Agostinho fugia da escola para assisti-los, e depois tentava imitá-los com o entusiasmo que deveria consagrar aos estudos.

Patrício via nesse comportamento a prova de que Agostinho continuava sendo um pequeno pagão, alheio à moral cristã e às suas restrições. Ao invés de condenar os vícios do filho, ele os elogiava e ainda dava mau exemplo. Às vezes o próprio Agostinho, marcado pela educação cristã, o repreendia diante de certo palavreado e certas atitudes que, instintivamente, pareciam-lhe contrários à lei de Cristo. Ele falava e Patrício respondia dizendo que tudo aquilo era bobagem, na qual o próprio Agostinho não acreditava e fazia muito bem. Nesses momentos, aproveitava para zombar abertamente da fé de sua esposa, algo que ele

[11] Ibidem, I, IXI, 30.

[12] Ibidem.

não ousaria fazer diante dela. Ridicularizava suas crenças e seu apego ao "carpinteiro de Nazaré", ao "Galileu".

Alguns meses antes, em dezembro de 361, a morte de Constâncio II, último filho do grande Constantino, permitiu que Juliano, o último sobrevivente da dinastia, subisse ao poder.

Filho de um meio-irmão de Constantino, Juliano escapou do massacre da família organizado por seus primos em 337. Os assassinos pouparam apenas dois garotinhos aterrorizados que se esconderam debaixo da cama. Foram exilados depois de lhes terem imposto um batismo ariano, pois haviam nascido em uma família pagã. Juliano cresceu discreto, fingindo uma vocação religiosa inexistente que deixava todos tranquilos, porque assim se mantinha definitivamente longe do poder.

Mas tudo mudou quando, em 351, Constâncio II, depois de assassinar seus irmãos para se manter no poder, deu-se conta de que não tinha filhos e nem sobrinhos e, portanto, a dinastia terminaria com ele. A infeliz constatação levou Constâncio a buscar do exílio seus primos Juliano e Galo, proclamá-los herdeiros e casá-los com suas duas irmãs.

A experiência tinha dado parcialmente errado: Galo conspirou contra Constâncio – que ordenou a sua execução. Mas restou Juliano, obliterado pela situação. Tranquilizado por essa falta de personalidade, Constâncio o enviou para administrar a Gália. Lá, Juliano revelou capacidades militares, senso político e inteligência inesperadas. Foi proclamado imperador por suas tropas e marchou para Constantinopla, mas a morte oportuna de Constâncio concedeu-lhe o poder sem a necessidade de um golpe.

A partir de então, à frente do Império, não precisava mais fingir-se ariano e declarou-se fiel aos cultos pagãos antigos, que veio a reestabelecer nos seus direitos e privilégios. A restauração dos altares pagãos mergulhou os cristãos no estupor, na indignação e na angústia, pois, em certos lugares, indo além da vontade de Juliano, pagãos revanchistas recomeçaram as perseguições aos cristãos. Patrício não era um desses fanáticos, mas também ficou satisfeito com o restabelecimento dos deuses antigos. Ele esperava, com a ajuda da lei, conseguir trazer seus filhos à sua religião ancestral. Agostinho, porém, ainda com 9 anos de idade, embora achasse a postura do pai "fascinante",[13] não se deixou influenciar. Patrício não o "induziu a não crer em Cristo, no qual ele ainda não acreditava".[14] A influência materna era muito forte.

A reação pagã durou. Patrício, talvez apoiado por uma legislação hostil ao cristianismo, apelou à coerção para trazer sua família de volta à sua crença religiosa, mas com a morte de Juliano, em junho de 363, e a sucessiva acensão ao poder de dois oficiais católicos, Joviano (+364) e Valentiano I, pôs fim à tentativa de restauração do paganismo. Em Tagaste, Patrício viu-se impotente para combater a influência da esposa sobre os filhos.

Ele precisava de uma prova da profunda impregnação católica, o que uma grave doença de Agostinho, durante o ano 364, acabou lhe dando. "Tomado subitamente por uma dor no peito",[15] sufocando e "ardendo de febre", a criança logo ficou tão doente que chegou a pensar que estava à beira da morte e, espontaneamente, pediu o batismo.

---

[13] Ibidem, I, IX, 17.

[14] Ibidem.

[15] Ibidem. Agostinho fala de uma "disfunção do estômago", mas na medicina da época essa palavra abrangia praticamente tudo. Falava-se em asma, mas a "febre forte" talvez tivesse mais a ver com uma bronquite ou congestão pulmonar.

Não se tomava uma decisão como essa de forma precipitada. A Igreja ainda não dava a importância devida ao sacramento da penitência,[16] e toda a falta grave depois do batismo era quase impossível de reparar. Permitia-se, para reparar as faltas leves, através das privações e esmolas, mas o resto parecia quase imperdoável, razão suficiente para adiar a recepção do sacramento para uma idade mais avançada. Isso levou alguns cristãos a morrerem sem o batismo. Agostinho sabia disso, já aos 10 anos, por isso deveria estar se sentindo muito mal para querer ser batizado, mesmo sabendo das dificuldades que o aguardavam, caso se recuperasse. No entanto, ele insistiu naquele grande impulso de fé.

Para Mônica, a exigência do filho, que enfatizava a gravidade de sua condição, foi algo desolador; mesmo perturbada, apressava-se em tomar as providências para purificar o filho nos sacramentos da salvação, para que, confessando ao Senhor Jesus, pudesse obter a remissão dos pecados.[17] Havia algo de heroico em sua decisão: estava abdicando de seus direitos sobre o filho, entregando-o a Deus para que se cumprisse a vontade Dele, dando preferência à sua salvação eterna. Mas para isso teve de brigar com o clero local, contrário ao batismo de crianças, e também com Patrício, que, se aceitasse, perderia qualquer chance de trazer o filho de volta ao paganismo, caso sobrevivesse.

Mas as súplicas da criança venceram a relutância. Aceitaram batizá-lo e ele ficou extremamente feliz. A cerimônia ainda estava sendo preparada quando a febre abaixou, as dores cessaram e, enfim, Agostinho foi curado.

---

[16] Sacramento que se imporá no fim do século VI, com a influência das igrejas irlandesas.

[17] *Confissões*, I, XI, 17.

Passada a angústia, ninguém mais lembrou-se da cerimônia que, aliás, não parecia mais necessária. Agostinho permaneceu catecúmeno. Uma decisão inexplicável que Mônica teria tempo para arrepender-se amargamente.

# IV. A corrida das paixões

A vida retomou o seu curso. Agostinho voltou aos jogos, às trapaças, às disputas infantis e às comilanças. Seus pais estavam mais inclinados a perdoá-lo porque ele havia revelado dons intelectuais excepcionais. Depois do primeiro aprendizado que o entediara, Agostinho começou a dedicar-se aos estudos. Além do grego,[1] ele era bom em tudo. Ainda em Tagaste, seu professor sugeriu que ele continuasse a estudar. A pequena cidade não tinha uma escola secundária, e as crianças tinham de ir para Madauros, a 30 quilômetros de distância. Os que não tinham família ali, ficavam como internos na casa dos professores enquanto duravam seus cursos. Isso representava um sacrifício financeiro, considerando a situação de Patrício. Mas ele

[1] No tempo dos romanos, falar grego era tão necessário quanto falar inglês hoje. Além disso, era também a língua oficial da parte oriental do Império.

consentiu sem hesitar. O orgulho de descobrir as capacidades intelectuais do filho uniu-se à satisfação de vê-lo longe da influência da mãe e do seu meio católico. Madauros não tinha mais igreja, e lá o paganismo havia recuperado o esplendor. Todo o corpo docente era pagão, depois que Juliano, em 362, havia proibido os cristãos de ensinar. Claro que, depois da morte do imperador, a lei havia sido abolida pelos seus sucessores católicos, mas a maior parte dos professores tinha se recusado a retomar suas funções. Sem eles, uma geração inteira de adolescentes foi entregue a professores sem talento, que só tinham de acreditar, ou fingir acreditar, nos mitos espalhados pelas obras clássicas. Patrício achava que essa mudança de ambiente seria propícia a Agostinho. Mônica, por sua vez, conformou-se.

As consequências espirituais dessa mudança seriam mais profundas. Madauros ficava apenas a um dia de viagem de Tagaste, e a criança retornava para as férias e poderia, se necessário, reforçar a sua fé. Assim, no outono de 365,[2] Agostinho partiu para Madauros. Mônica não se preocupou, pois sabia que a educação cristã do filho era forte o bastante para imunizá-lo contra o paganismo. O ambiente de Madauros, onde Cristo e sua lei eram ausentes, não conseguiu enfraquecer sua fé. As cerimônias e as procissões pagãs, celebradas em pleno dia com todo o requinte, não lhe inspiravam mais do que indiferença. Não foram os absurdos dos contos mitológicos que arriscaram desviar Agostinho de Deus, porém, de maneira mais sutil, foram os encantos dos clássicos literários que o fizeram descobrir a vida e suas paixões. O amor lhe fora

---

[2] As férias começavam em meados de agosto, e o começo das aulas era no final de outubro.

revelado pelas heroínas da ficção, e aquelas sombras logo despertariam desejos mais tangíveis.

Ainda mais insidiosa foi a descoberta do estilo literário e a arte da oratória, nas quais ele sonhava em se destacar. Isso fez com que ele sentisse repulsa pela linguagem simples dos evangelhos. Agia sobre ele toda a perversidade de um sistema educacional voltado ao sucesso mundano que privilegiava mais a forma do que o conteúdo, e incitava a se envergonhar mais de uma ignorância do que de um pecado mortal. Com a maleabilidade da juventude, ele foi se moldando e se esforçando para corresponder aos modelos de sucesso que os adultos apresentavam-lhe como desejável, sem perceber o quanto isso era contrário às leis de Deus.

Quando voltou de férias a Tagaste, inflado com sua nova ciência e sucessos precoces que o levaram a ganhar todos os prêmios de oratória nas modestas competições locais de Madauros, passou a caminhar satisfeito, com ares de superioridade juvenil, olhando do alto a ignorância de seus pais, que se orgulhavam de vê-lo tão sábio. O filho era bem-sucedido e iria longe. Nada mais importava. Mônica conformou-se.

Ela tinha alguma escolha? Agostinho já era um homem. Ele nunca deixou de amá-la, mas se incomodava de dizer isso. Alguns de seus amigos de infância eram desagradáveis com a própria mãe, chegando a insultá-la e até mesmo agredi-la. Agostinho nunca os imitou; sempre fora amável e gentil com Mônica. Jamais lhe ergueu a voz e, por respeito, não falava palavrões nem blasfemava na frente dela. Portanto, mais do que as outras, ela sofria vendo o filho crescer. Porém, por medo de estragar as poucas semanas que Agostinho passava em Tagaste, jamais ousou lhe dizer.

Em alguns meses ele seria enviado a Cartago para seguir os cursos dos melhores retóricos que lhe dariam acesso à profissão de advogado, aos cargos públicos e até mesmo à política. Glória e fortuna projetavam-se no horizonte. Mônica não foi a última a ser tomada pelo entusiasmo. Ela não queria ter sonhado em vão: o sucesso de seu menino, que o afastaria – e com ele toda a família – da intolerável mediocridade de Tagaste e do peso dos aborrecimentos cotidianos. Ela tinha abandonado Navígio e a irmã a esse destino, porque não podiam ter outro e nem sonhavam com isso, mas Agostinho não poderia nem deveria decepcionar.

Patrício aderiu às opiniões do filho desde os seus primeiros sucessos. Menos esperto que o filho, mas orgulhoso, sentia que Agostinho o desprezava calado, por isso não se sentia bem com aquele garoto que o humilhava com seu conhecimento e seu vocabulário esnobe. Isso não o impediu de amá-lo nem de ter orgulho dele, a ponto de fazer muitos sacrifícios: pouco importava o quanto custaria!

Mas as coisas não saíram como o planejado. O custo de vida em Cartago era muito alto, e no início de cada ano escolar os professores cobravam antecipado. Sem dinheiro e pressionado pelo fisco, além de obrigado a dar o dote da filha, Patrício só via uma solução para não ter de vender suas terras: pedir emprestado a Romaniano, o único em Tagaste que tinha muitos bens. Mas ele odiava pedir dinheiro emprestado, tinha horror a dívidas porque temia as obrigações morais que vinham acompanhadas do empréstimo. Ele adiou tanto o problema que, no verão de 369, terminaram as aulas de Agostinho em Madauros, sem que seu pai tivesse arrumado dinheiro para os estudos em Cartago no ano seguinte. Agostinho voltou para casa e não demorou para que voltasse a se reunir com seus amigos de infância. Todos já eram grandes; os jogos de bola já não eram divertidos, e as guloseimas não eram suficientes para saciar os novos desejos, o que era inevitável.

Agostinho vibrava com os versos de Virgílio, mas não conhecia muita coisa da vida real. No entanto, não demorou para as coisas se inverterem. Ele sucumbiu àqueles garotos mais experientes e maliciosos que não eram coibidos por nenhuma inibição social ou moral. Com eles experimentou todos os prazeres, permitiu-se todas as audácias e transgrediu todas as proibições. Na verdade, eles se autoexaltavam, inventando façanhas que nunca fizeram para compensarem a superioridade de Agostinho, tentando impressioná-lo. Como ele era um rapaz inocente, enganavam-no facilmente. Mas do que falavam? Evidentemente das garotas, das suas experiências sexuais, um mundo ainda desconhecido para Agostinho – e ele se envergonhava por isso. O que poderia ser mais normal a um menino de 15 anos? Suas pretensas depravações eram histórias fantasiosas. Queria esconder a sua castidade, por isso inventava romances improváveis, gabando-se de culpas imaginárias.[3] Era tudo ridículo, mas ele não percebia.

Depois, a puberdade o incomodou. Patrício foi o primeiro a perceber, num dia em que foram juntos ao banho público. Voltou para casa feliz, comunicando que o filho havia se tornado um homem.[4]

Isso era inevitável, mas Mônica ficou atordoada. Ainda ontem embalava a criança e, de repente, seu Agostinho já era capaz de, como dizia Patrício para afirmar uma satisfação vulgar que a irritava, "fazer uns netinhos". Enquanto ele parecia não compreender a novidade; ela já conseguia prever os perigos.

---

[3] *Confissões*, II, III, 7.

[4] Ibidem, II, III, 6.

É preciso lembrar que Agostinho era filho de um homem lascivo, mas que, com a idade chegando, começava a acalmar-se. Do pai ele já herdava a impaciência e o temperamento agressivo; não demoraria para também despertar-lhe a voracidade das paixões.

Por ser cristã, Mônica só conhecia um remédio: o casamento. Possuindo uma esposa legítima, o rapaz que era incapaz da castidade conseguiria se manter "nos laços do afeto conjugal", e assim não pecaria. Porque, se levasse em conta apenas os impulsos de "sua adolescência inquieta", iria roubar os sonhos de sucesso alimentados por ela. Porém, casar com uma bela garota de Tagaste, como havia ocorrido com Navígio um pouco antes, significaria colocar um ponto final a Cartago, aos diplomas e à grande carreira de retórico que o levaria ao ápice[5]... tal ideia era insuportável para Mônica.

Mais tarde Agostinho lhe reprovaria fortemente. Por ser católica, sincera na sua fé, ela deveria preferir mais a alma ao sucesso do filho. O erro cometido seis anos antes, quando desistiu de batizá-lo, repetiu-se quando mais uma vez ela abriu mão do remédio para os males que afligiam o filho. No fundo, onde habita a fé confiante de uma santa, ela guardava a prudência e também os seus propósitos, sempre desejosa de unir o útil ao agradável: a vontade de Deus e os interesses do mundo. Mas a preocupação com o sucesso do filho prevalecia sobre o de sua alma. Achava que sempre haveria tempo para corrigir isso mais tarde. Absorvida por seus pequenos acordos com o céu, Mônica esqueceu-se de que mais tarde poderia ser tarde demais, e que a graça desprezada talvez não mais se apresentasse.

---

[5] Ibidem, II, III, 8.

Já Patrício, sempre incomodado com o filho que lhe olhava com ar superior, não sabia se relacionar com o menino a não ser por elogios obscenos; Mônica também tentou conversar reservadamente com Agostinho sobre as coisas da vida, mas não se saiu melhor. Como tinha pudor, não sabia abordar essas questões com um adolescente e limitou-se a perguntar-lhe se era incapaz de se manter casto e de evitar mulheres casadas... Se os gracejos de seu pai o incomodavam, a "imensa preocupação da mãe"[6], com sua postura severa, não lhe deixava mais confortável. Ela estava naquela idade em que os conselhos dos adultos sempre parecem bobagem de gente velha, ainda mais vindos de uma mulher. Ele se sentia envergonhado quando os ouvia, por isso permitia-se desprezá-los, afinal, já se acreditava um homem feito.

Mônica tentava ignorar os excessos de virilidade de seu filho, pois estava ciente de que não havia muito o que fazer – pelo menos enquanto a graça não chegasse para aniquilar a parte animalesca que conduz os homens aos prazeres. Ela não queria saber se Patrício chegou a levar Agostinho aos prostíbulos, uma tentativa lamentável de torná-lo cúmplice, ou se o próprio menino encontrava uma outra forma de satisfazer os impulsos que não pretendia controlar. Para ela, o importante era mantê-lo longe de problemas e esperar a juventude passar. Jamais passou pela cabeça dele tê-la como sua confidente; e ela nunca mais tentou. Talvez Mônica quisesse crer que seu marido, recentemente inscrito na lista de catecúmenos porque pretendia agradar Romaniano e obter o empréstimo, saberia canalizar melhor os instintos do filho. Mas ela se enganou...

---

[6] Ibidem, II, III, 7.

Patrício, com 64 anos, permanecia na sua "embriaguês de uma vontade pervertida que se inclina ao que é baixo",[7] e alegrava-se em finalmente reconhecer-se no filho. Ele temia vê-lo se tornar um fanático por causa da mãe, por isso, longe de censurar, encorajava o menino a se divertir. Mas Agostinho nem precisava de encorajamento. "Deixando-se seduzir", ele "rolava na lama" e, a cada dia, tornava-se mais escravo de sua sensualidade. Cantava glória na frente dos amigos, mas intimamente se envergonhava, sentia remorso. Eram ecos da educação recebida de Mônica. Ele fingia debochar disso tudo, mas ficava surpreso de não sentir mais a presença do Deus de que tinha conhecimento, já que, por não ser batizado, não podia recebê-lo nos sacramentos e nem amá-lo... Pouco a pouco ele foi deixando que acontecesse, e até acreditou que tinha acontecido. Na verdade, essa ausência estava aprofundando-se nele, sem que pudesse identificá-la nem remediá-la. Agostinho sentia-se dividido entre sua sensualidade, sempre insatisfeita, e uma expectativa ansiosa que não sabia explicar, mas o impedia de desfrutar livremente dos prazeres terrenos que buscava de forma insaciável.

Mas ele estava entediado. Para um garoto daquele, não havia nada para fazer em Tagaste. Seus estudos estavam interrompidos e ele não tinha nada com que se ocupar. Então, passava o dia todo com seu bando, embora fosse educado demais para não perceber a baixeza e vulgaridade daqueles garotos, e não os deixava por pura falta do que fazer. Poderia ajudar o pai, trabalhar, ler, mas nem pensava nisso. Patrício não tinha qualquer autoridade em relação ao filho, por isso, jamais o encorajou. Nem Mônica. Eles "afrouxaram as rédeas, sem a

---

[7] Ibidem, II, III, 6.

justa e normal severidade, deixando suas paixões correrem soltas".[8] Ninguém se atreveu a chamar-lhe a atenção, e ele, embriagado com essa liberdade, aproveitou-se disso. Vivia na rua, já nem vinha mais para casa na hora das refeições, e sempre chegava tarde da noite; às vezes já com o dia raiando.

Mônica não reconhecia mais sua criança naquele adolescente rebelde com o qual ela não sabia lidar. Via que seus conselhos eram inúteis, que seu filho ria nas suas costas, por isso não ousava dizer mais nada, só esperava o fim daquela fase de libertinagens. Acreditava que, voltando a Cartago, Agostinho tomaria jeito.

Se durante as primeiras semanas Agostinho deixou-se levar pelos amigos, cativado pelas roupas que usavam, não demorou para começar a ter influência sobre eles. Logo se cansou de gabar-se de depravações inventadas, jogar bola, importunar as pessoas nas ruas, ignorar as refeições preparadas com carinho por sua mãe, pensar em brincadeiras infantis apenas para irritar os vizinhos e falar palavrões em voz alta, como faziam os homens mais rudes. Era preciso encontrar algo melhor, impor-se, mostrar aos outros que ele era o líder. Isto exigia um grande esforço e, sobretudo, evitar as infantilidades.

"Eu quis roubar, não por necessidade, mas apenas por falta de justiça e aversão a ela",[9] diria mais tarde, quando percebeu que ficava envergonhado com seus atos sem sentido, com suas tolices e maldades. Mas naquela época ele não se dava conta: interessava-se somente pela transgressão que, aos 16 anos, parecia-lhe enorme e, portanto, capaz de lhe conferir a estatura de herói.

---

[8] Ibidem, II, III, 8.

[9] Ibidem, II, IV, 9.

Furtou por zombaria. Uma brincadeira de jovens indecentes. Aproveitaram a noite para adentrar num jardim ao lado da vinha de Patrício e roubar os frutos de uma grande pereira. Não havia perigo, além do prazer de fazer algo proibido. O dano causado ao proprietário não lhe causou nenhum problema de consciência, na verdade, nem pensou nisso.

O pior é que Agostinho e seu bando frustraram-se com as peras colhidas. Os frutos estavam verdes e não serviam para comer. Estavam bons para dar aos porcos, e foi isso que fizeram. Desperdício estúpido e dano absurdo causado a um pobre homem, apenas pelo prazer de causar prejuízo.

Mas Agostinho não entendia que o maior prejudicado era ele próprio. Fazendo o que fez, deu um passo para emancipar-se da lei divina na qual sempre esteve apoiado. No entanto, Deus não o impediu. Assim, ele começou a desapegar-se e ter vergonha de tudo o que a mãe havia lhe ensinado, alegando ser uma "superstição infantil".

Mônica jamais soube do roubo e das suas intenções. Na época estava muito preocupada com o empréstimo que tinham de obter com Romaniano, e que Patrício finalmente havia resolvido. Isso permitiria que Agostinho pudesse retomar seus estudos no ensino superior. Ela não fazia ideia de que o menino que retornava a Cartago no início do ano 370 tinha perdido a fé da infância. Ele estava indo buscar o sucesso e, naquele momento, isso era tudo o que importava.

# V. "O fervilhar dos amores ilícitos"

Aliviado, Agostinho deixou sua família. Nem fez questão de esconder a alegria. Tinha 17 anos no final de novembro; sua vida estava apenas começando.

Os mais de duzentos quilômetros que separavam Tagaste de Cartago davam quatro a cinco horas de viagem. Portanto, seus pais seriam incapazes de exercer qualquer controle sobre ele. Na verdade, jamais pensaram nisso porque tinham confiança na seriedade do menino. E não estavam enganados: Agostinho pretendia realmente estudar e revelou faculdades extraordinárias. Logo tomou gosto pelos estudos. "Era o melhor nas aulas de retórica".[1] Aprendeu a "persuadir" com uma facilidade desconcertante, e logo passou a ser admirado por seus colegas de classe. Assim fez amizade com o filho de Romaniano, o grande

---

[1] *Confissões*, III, III, 6.

filantropo de Tagaste, e não demorou para que todos na sua cidade natal soubessem que haviam enviado um sujeito brilhante à metrópole e também quais esperanças podiam depositar nele. Isso chegou aos ouvidos de Mônica e Patrício, que ficaram satisfeitos.

Agostinho era tão brilhante que não precisava esforçar-se – aprendia com uma facilidade impressionante. Isso o deixava com muito tempo livre, que ele usava para desfrutar dos prazeres de Cartago. Satisfazia-se com espetáculos teatrais, por isso gastava todo o seu tempo livre no teatro. Tinha preferência pelas histórias de amor trágico,[2] nas quais derramava lágrimas pelas dores e infelicidades dos amantes que o destino separava... As grandes paixões o intoxicaram, e isso o levou a sonhar em vivê-las. Passou a procurar desesperadamente, e em todo lugar, por um amor, ou o que ele acreditava ser um amor, confundindo-o reiteradas vezes com o objeto de seus desejos inconstantes. Teve relacionamentos, aventuras de um dia ou de uma noite, com mulheres da vida, vedetes, musicistas e dançarinas que seus amigos ricos contratavam para as suas noites desregradas, e que complementavam seus cachês com serviços extras.

Agostinho levava uma vida de estudante, e aproveitava sua liberdade sem nenhum pudor. Em Cartago ficava a Igreja Primaz da África, que era cristã, mas sua devoção, sincera e exuberante, às vezes terminava em bebedeiras nas tumbas dos mártires nos dias em que se comemoravam festas, que, ao cair da noite, chegavam até a transformar-se em orgias. E muitos dos fiéis dedicavam-se apenas a esse tipo de peregrinação.

---

[2] Ibidem, III, II, 3-4.

Isso porque o paganismo permanecia vivo, sobretudo o culto à antiga Tanit, a deusa lunar púnica, renomeada Cibele quando incorporada ao panteão romano. "A Grande Mãe", "a Celeste", estava cercada por inequívocos rituais de obscenidade, nos quais se cantavam hinos em sua homenagem que, de tão rudes, "o pior devasso jamais ousaria cantarolar um dos seus versos na frente de sua mãe". Eufórico, embriagado de liberdade e transgressões, Agostinho passou a frequentar essas celebrações. Andou errante entre dois universos: o paganismo ancestral e o catolicismo materno. Mas nenhum dos dois lhe convinha. Por um lado, as lições de catecismo de sua infância o preveniam dos deuses antigos, tornando-o incapaz de aderir às suas fábulas, mas, por outro, não acreditava mais nos ensinamentos cristãos, que já lhe pareciam ridículos.

Faltavam-lhe bases sólidas para defender-se das questões e dúvidas causadas pelas intensas descobertas trazidas pela filosofia. Ele revelou essas questões em uma carta para sua mãe. Pouco importa se Mônica o tenha aconselhado a procurar as respostas na Bíblia ou se ele decidiu resolver tudo sozinho, aprofundando-se nas questões. No final, em vez de ajudá-lo, os livros sagrados afastaram-lhe da religião da mãe. Primeiro porque, aos olhos daquele jovem pedante, apaixonado pela busca de palavras e frases elegantes, era imperdoável constatar que as escrituras estavam mal escritas;[3] depois, elas pare-

---

3 Cada igreja latina tinha a própria edição da Bíblia, mal traduzida do grego. Do ponto de vista literário, era uma catástrofe. Por essa razão São Jerônimo empenhou-se em traduzi-la: o Novo Testamento do grego e o Velho do hebraico – que veio a ficar conhecida por Vulgata.

ciam-lhe cheias de contradições que ele não podia aceitar. "Cheio de arrogância",[4] Agostinho recusava a simplicidade daqueles textos.

Essa decepção deixou o garoto em conflito com suas contradições internas, com suas desilusões e insatisfações. A leitura de Cícero abriu-lhe o intelecto para o universo da especulação filosófica, mas como ele poderia estar satisfeito com essa busca da verdade que, por definição, era inacessível? Como ficaria satisfeito com a filosofia, que se pretende um questionamento perpétuo, em vez de uma resposta definitiva? Agostinho tinha necessidade de certezas e de uma verdade absoluta, intangível, que não era aquela dos filósofos. Ele sabia que o único mestre era o Cristo de sua mãe, e ficou contrariado com a filosofia, porque ela não o ajudou a encontrá-lo. Quando, porém, decidiu procurá-lo nos evangelhos, não compreendeu nada...

Então, Agostinho encontrava-se em plena crise espiritual e, por isso, sucumbiu a todos os pecados. Estava ao mesmo tempo mergulhado em prazeres materiais e inflado de um orgulho intelectual do qual não conseguia se livrar.

A morte de seu pai, alguns meses depois de sua mudança para Cartago, foi a primeira interrupção do seu declínio. Patrício já era um homem velho, com 60 anos e cheio de preocupações. Já havia algum tempo ele não ia atrás de mulheres. Será que poderíamos atribuir essa mudança de conduta à catequese que estava seguindo ou apenas à exaustão? Inscrito na lista de catecúmenos, ele havia deixando passar duas vigílias pascais, talvez três, sem pedir o batismo, que lhe foi dado nessa última ocasião. Essa atitude não testemunhava a favor de uma

---

[4] *Confissões*, III, V, 9.

conversão sincera, e aquele pagão obstinado só havia aceitado aproximar-se da Igreja por complacência a Romaniano e porque Mônica o pressionava a fazê-lo.[5] Sem dúvida, ele continuaria a postergar o sacramento se não tivesse ficado doente no inverno de 370-371. Seu estado piorou rapidamente e foi impossível avisar Agostinho em Cartago, que não teve tempo de testemunhar os últimos instantes da vida de seu pai.

Vendo o marido à beira da morte, Mônica o convenceu a receber o batismo que tanto havia adiado. Patrício cedeu para agradar a sua esposa, ou porque as orações dela acabaram tocando a sua alma relutante. Ele morreu regenerado pelo sacramento, manifestando os sinais de uma verdadeira conversão.

Era tudo o que Mônica desejava. A viuvez, que a libertava dos laços de uma difícil união e a coroava, no último momento, com a redenção do homem a quem havia se dedicado, não a deixou desesperada. É certo que duas décadas vividas com Patrício geraram – se não por amor, pelo menos por ternura – as rotinas de uma vida em comum. Com a morte do marido, ela ficou desorientada por um vazio brutal. Mas não demorou para que, por piedade conjugal, apagasse da memória os maus momentos que havia passado para guardar apenas os bons, criando uma imagem apresentável do falecido, e sustentar que "viveram em perfeita harmonia". Intimamente, ela ficou realmente tocada com a perda, por isso ia todos os dias ao túmulo do marido, onde deixava cair lágrimas sinceras, e repetia sempre a Navígio – seu filho mais velho, que,

---

[5] A fórmula de Agostinho para a conversão de seu pai, na hora da morte, é um tanto ambígua: "Assim, quando seu marido já estava no fim da vida temporal, ela o conquistou para si. E depois da conversão dele, já não precisou mais lamentar todos os ultrajes que havia suportado antes de ele acolher a fé". Ibidem, IX, IX, 22.

na ausência de Agostinho, apoiava-lhe naquele momento difícil – que "desejava preparar a sepultura ao lado do marido".[6] Talvez ela estivesse convencida de que aquela morte tinha destruído a felicidade perfeita de um casal modelo, ou que a felicidade agora era tal que Patrício havia encontrado Deus. Mas na realidade o acontecimento tinha acabado com o que ela mesma havia chamado de "escravidão". Mônica estava com 40 anos e já era avó: agora tinha liberdade para fazer suas escolhas; agora podia viver.

Sua primeira providência, depois de terminado o período de luto, foi procurar Romaniano para pedir-lhe que não cancelasse o empréstimo que permitiria a Agostinho que estudasse. Era uma grande ousadia para uma mulher, sobretudo tratando-se da esposa silenciosa e submissa do falecido Patrício. Segundo o costume, para tratar do empréstimo, Mônica deveria ter enviado Navígio, seu filho mais velho, ou algum outro parente. Mas ela preferiu enfrentar sozinha o ricaço influente daquela cidade.

Não foi de todo ruim. Mônica era uma mulher respeitada em Tagaste. Apesar das histórias elogiosas que ela espalhava sobre seu querido falecido, ninguém ignorava seus infortúnios conjugais e, por isso, tinham consideração pela dignidade com que passou suas longas provações. Por essa razão, se negar a receber aquela admirável viúva seria um constrangimento para o benfeitor local. Além disso, continuar pagando as despesas dos estudos de Agostinho parecia um bom investimento: ninguém duvidava de que o menino tinha uma carreira promissora pela frente. Se Deus lhe garantisse vida, ele pagaria seu benfeitor com facilidade. E, uma vez que fizesse fortuna, poderia lembrar-se daquele a quem

---

[6] Ibidem, IX, IX, 28.

estava devendo, sem falar das repercussões para a fama de Romaniano com o sucesso de seu protegido: quem sabe ele não seria lembrado como o homem que descobriu a próxima glória africana do Império...

Tudo isso e a incontestável generosidade de Romaniano permitiram a Mônica que tivesse sucesso na visita e, assim, Agostinho pôde continuar seus estudos em Cartago. Ela não tinha idcia de quanto lhe custaria renovar o tão esperado empréstimo...

Agostinho não se abalou com a morte do pai: conhecia-o muito pouco e, talvez por isso, nem teve tempo para aprender a amá-lo.[7] No entanto, compreendeu que aquela morte impunha-lhe novas obrigações, pois ele não poderia gastar o dinheiro de Romaniano como fazia com o de seu pai. Então, teve de renunciar aos espetáculos e dar fim às festas de estudante que contribuía para promover, e também das extravagâncias com mulheres da vida. Não tinha mais dinheiro para se divertir, e isso o fez sofrer. Ele gostava de entregar-se aos prazeres da carne e, não encontrando alguém para viver um romance, buscava satisfação sexual imediata, da qual não podia prescindir. Sentia falta de uma mulher e, assim, restava-lhe a solução habitual entre estudantes e soldados: o concubinato.[8]

O acordo que, durante alguns meses ou anos, unia um filho de uma família rica ou um oficial militar com alguma menina pobre que só tinha a juventude e a beleza para oferecer, era algo corriqueiro. Tal costume não comprometia o homem com nada, nem mesmo com as crianças que pudessem nascer. Era algo imoral, mas nem a cristianização das leis havia erradicado essa prática, por isso Agostinho resolveu

---

7 Ibidem, I, XI, 17.

8 O casamento legal era proibido aos soldados e oficiais do Exército Romano.

adotá-la sem hesitação. Por ainda não ser batizado, não tinha vínculos com as proibições cristãs, então, saiu à procura de uma concubina. E foi encontrá-la na igreja...

Com o cristianismo reconhecido no Império, as conversões superficiais se multiplicaram e não demorou muito para ver a moral dos fiéis e do clero deteriorar-se, e a castidade sair de moda, mesmo entre as consagradas. As comunidades africanas nunca tiveram uma boa reputação de virtude, por isso não era surpreendente que as basílicas e santuários cartaginenses tivessem a tendência de tornar-se locais de encontro para amores ilícitos.

Era normal deparar-se com cortesãs que se passavam por devotas, e devotas que mais pareciam cortesãs. Também se podia ver meninas piedosas e honestas que vinham assistir à missa ou rezar nos túmulos de mártires serem enroladas facilmente por algum galanteador, pois eram ingênuas, e aqueles rapazes presentes nas orações inspiravam-lhes confiança... Agostinho apostou em tudo isso para encontrar sua felicidade.[9]

Pelo hábito adquirido de sua mãe, e que ainda não havia desprezado, ou ainda porque o ambiente lhe parecia favorável à caça, Agostinho frequentava regularmente a igreja de Mapalia, que abrigava o túmulo de São Cipriano de Cartago. Havia grande aglomeração de mulheres no local, que nem sempre se ofendiam com as palavras ou gestos impróprios que presenciavam.

Como era costume na época, Agostinho, por ser ainda catecúmeno, tinha de sair da igreja na segunda parte da missa, antes do início da oração eucarística, proibida aos leigos. Mas ainda lhe restava a

---

[9] *Confissões*, III, II, 5.

primeira parte para abordar as mulheres. Foi assim que ele conheceu a sua. E viria a ser a mulher de sua vida, a única. Mas isto era algo que jamais imaginaria aquele sedutor de 18 anos que lá estava porque não podia se dar ao luxo de ir ao bordel, e para quem a castidade era algo insuportável. Estava comprometido a atingir seus objetivos desonestos com "uma paixão erradia, desprovida de prudência".[10] Ele "a capturou",[11] termo de caçador que revela as armadilhas montadas para atraí-la para sua rede e colocá-la na cama. E ele conseguiu.

Qual era o nome dela? Agostinho jamais revelou. Preocupou-se em ser discreto em relação a ela, e voltou à África para expiar seus pecados juvenis sob o segredo e a angústia, evitando citar seu nome para não despertar memórias que haviam se tornado muito amargas.

Era uma bela garota, de mais ou menos 15 anos, bonita, sem nome notável, fortuna ou instrução, cativada por aquele estudante mulherengo, expert em mentiras, com uma elegância aristocrática que era possível notar nos cabelos devidamente penteados e nas roupas da moda. Ela não tinha como resistir. Acreditou amar e ser correspondida. Foram morar juntos e não demorou para engravidar. Ambos ficaram consternados, pois jamais haviam pensado em ter filhos. No entanto, em razão de uma educação cristã profundamente enraizada, nem sequer cogitaram se livrar da criança, ainda que tivesse sido fácil.

Até então Agostinho não tinha visto necessidade de informar a mãe sobre o fato de estar vivendo com uma mulher. Mas a situação havia mudado e ele se viu obrigado a confessar. Como era esperado, Mônica não ficou nada feliz com a notícia. Destoando de seus princípios

---

[10] Ibidem, IV, II, 2.

[11] Ibidem.

religiosos, havia descartado a possibilidade de Agostinho casar antes do seu estabelecimento na vida profissional. Ele deveria pensar somente na carreira, e mulher e filhos tornar-se-iam obstáculos. Mas eis que aquele jovem tolo tinha imposto o obstáculo a si mesmo – e ainda contrário às leis divinas.

Da raiva materna, Agostinho nada escreveu. Em certos casos, Mônica era muito rígida. Talvez tenha ameaçado cortar-lhe o financiamento. De qualquer forma, a troca de cartas entre Tagaste e Cartago deve ter se tornado rara e menos terna. Isso foi um erro, mas Mônica parece não ter compreendido.

Em meio aos tormentos intelectuais e espirituais que o filho enfrentava, ela era seu único amparo. Se, apesar das dúvidas e zombarias, Agostinho ainda se apegava à fé católica, foi por causa de Mônica. Abandonar Cristo era traí-la; isso ele era incapaz de fazer. Ele podia passar os textos sagrados em revista, com todas as suas críticas severas, que o fazia crer que eram cheios de contradições e despropósitos; também podia zombar do que considerava boas fábulas para a credulidade feminina, mas no fundo ainda era emocionalmente apegado a tudo o que havia aprendido com a mãe. Nessas horas cruciais, em que ficava totalmente perdido em suas especulações mirabolantes, a presença de Mônica era o seu porto seguro. E foi nesse momento que, para puni-lo, ela afastou-se. Uma forma infalível para domar o orgulho de um rapaz revoltado.

Agostinho e sua companheira não desejavam o filho que esperavam. Mas o tiveram. Nasceu no início de 372. Assim que o tomaram no colo e ouviram seu primeiro choro, os jovens pais se derreteram de ternura. Deram-lhe o nome de Adeodato, "dado por Deus"; não tinham dúvidas de que aquela criança era mesmo um dom de Deus para a vida deles.

Na verdade, naquele momento, a vida de Agostinho estava se tornando bem complicada. Se o empréstimo de Romaniano não era o suficiente para suprir as necessidades de sua vida de solteiro, a situação piorou muito quando ele se tornou pai. Se Mônica parasse de lhe enviar dinheiro, ficaria numa condição insustentável; e talvez fosse este o objetivo: levá-lo ao arrependimento e, quem sabe, fazê-lo afastar-se da mulher e da criança.

Se esse era o plano, foi mal calculado. Cada vez mais apegado à mãe de seu filho, e mais ainda à criança, Agostinho jamais considerou abandoná-los. Abandonou seus desejos anteriores e começou a dar aulas particulares. Assim, passou a viver dos próprios recursos. O tempo que dedicava aos alunos e ao novo modo de vida também modificou seu projeto de estudos, porém, sem prejudicá-lo. Tamanho era seu brilhantismo, que crescia o interesse por aquele jovem notável. Entre as pessoas a seu redor, imaginando o apoio que ele poderia dar quando chegasse ao topo da carreira, estavam os defensores de uma seita oriental há muito tempo estabelecida na África: os maniqueus.

Surgido na Pérsia no século III, e passando pela Ásia Central até chegar à foz do Mediterrâneo, o maniqueísmo teve como fundador um homem chamado Mani, que morreu torturado porque suas teorias abalavam a ordem social. Tomou emprestado do antigo masdeísmo persa um dualismo no qual se opunham dois princípios divinos: um bom e luminoso, exclusivamente espiritual; outro malvado e obscuro, senhor do mundo material. Para libertar-se das garras do mal, era preciso empreender uma ascese complicada, com renúncia ao ato sexual, ao consumo de carnes e vinhos e observar, de forma escrupulosa, uma série de regras bastante exigentes. Como todo esse desprendimento mostrava-se quase totalmente impraticável, e somente algumas poucas pessoas "puras" puderam alcançá-lo, Mani, para não desencorajar seus discípulos, passou a pregar a reencarnação que, diante do fracasso em cumprir as regras, permitia uma nova chance. Assim, enquanto se aguardava uma oportunidade para a perfeição, consentia-se alguns comportamentos repreensíveis e depravados.

Essa permissividade poderia despertar algum interesse em Agostinho, que vivia uma ruptura com os ensinamentos da Igreja, mas não foi essa a razão de ele ter aderido a essa doutrina extravagante. A verdadeira razão parecia fundamentar-se num motivo mais perigoso.

Mani tinha lido os Evangelhos e, por isso, referia-se muito a Cristo. Fazia pregações com base em uma tripla figura de divindade solar triunfando sobre as trevas, de um deus sofredor "pregado na cruz do mundo", e de um Jesus que assumiu uma aparência de natureza humana. Nada disso tinha a ver com a segunda pessoa da Trindade, o Filho Unigênito de Deus, descido dos céus, nascido da Virgem Maria, morto e sepultado para a remissão dos pecados, e ressuscitado dos mortos. Mas a teologia de Agostinho ainda era muito superficial para perceber isso. Se por um lado ele reprovou Cícero por não ter ouvido falar de Jesus, e isto foi suficiente para mantê-lo longe de uma filosofia pagã que ignorava o Deus de Mônica, por outro, seu orgulho intelectual o levou a desprezar o humilde Redentor apresentado nos Evangelhos. Para satisfazer sua sede de Deus e, ao mesmo tempo, seu gosto pela especulação intelectual, Agostinho precisava de uma doutrina que pudesse revestir suas extraordinárias confusões esotéricas com alguma aparência cristã.

Isso viria a saciar, como Agostinho compreendeu mais tarde, uma forma de orgulho insidioso que sofria, o mesmo que leva o homem a seguir a sua própria vontade, imaginando estar fazendo a vontade de Deus, ou seja, afastando-se da Verdade enquanto acredita estar perseguindo-a. Além disso, o maniqueísmo não era revelado de uma vez. Era preciso deixar subentendido aos jovens que, por detrás das aparências, ocultava-se uma sabedoria reservada apenas aos iniciados, capaz de dissipar as trevas da alma e permitir que se contemplasse a verdade divina de forma direta. E era exatamente isso que Agostinho aspirava com todas as suas forças. Por isso, tornou-se uma presa fácil daquela seita, ainda mais porque os maniqueus souberam jogar com o seu ponto fraco: a vaidade.

Consciente de seu próprio valor, que fazia despertar a admiração de seus professores, Agostinho passou a sofrer com a falta de reconhecimento social. Sua lucidez o levou a compreender que tinha poucas chances por ser um provinciano, sem apoio, sem dinheiro ou boas relações, o que dificultava a sua escalada para o sucesso. Na melhor das hipóteses, ele poderia ensinar Letras na Madaura por um salário medíocre, e isso o deixava doente.

Nessas circunstâncias, os maniqueus ofereciam uma alternativa a esse futuro desfavorável. Conheciam muita gente importante, tinham amigos poderosos até na corte imperial, e estavam dispostos a oferecer-lhe ajuda, afinal, estavam esforçando-se para recrutar pessoas para suas causas, e viam abrir oportunidades promissoras com a adesão de um rapaz brilhante como Agostinho. E elas logo se concretizaram, pois o novo adepto trouxe junto uma boa parte de seus amigos, todos vindos de famílias católicas. Usou da sua especialidade em intercalar argumentos falaciosos para convencê-los de que suas antigas crenças eram tolices.

Deslumbrado com seu próprio talento, com o poder de seus argumentos aos quais ninguém sabia contrapor, ele se envaidecia, tornando--se mais presunçoso do que nunca.

Mas toda essa satisfação não resolvia seus problemas. O ano 373 marcou a conclusão de seu curso, sem que tivesse uma oferta profissional digna de nota. O que ele deveria fazer para ganhar a vida, sustentar sua mulher e seu filho? Não fazia ideia. Seus amigos maniqueístas prometiam-lhe um futuro brilhante, mas não ofereciam nada de concreto. Então, Romaniano, seu protetor e credor, ofereceu-lhe um acordo muito abaixo das suas capacidades, mas que garantia o pão de cada dia: retornar a Tagaste para abrir uma escola de Ensino Médio, já que a cidade não tinha nenhuma. Romaniano o ajudaria a abrir a escola e ainda lhe pagaria um salário. Porém, se Agostinho jamais havia duvidado de que Romaniano o ajudava porque via nele um sujeito excepcional, agora mostrava-se desiludido, pois seu protetor tinha em mente nada mais do que a própria glória pessoal e a perspectiva de obter o reconhecimento da cidade ao oferecer um professor e uma escola. Esse foi um duro golpe na vaidade de Agostinho.

Na ausência de qualquer outra oportunidade, e em dívida com Romaniano, Agostinho foi obrigado a aceitar. Não tinha meios e nem vontade de ficar em Cartago, afinal, seus melhores amigos também tinham terminado os estudos e se preparavam para voltar para casa. Sem eles, a vida na grande e fervilhante cidade, onde borbulhavam todos os vícios e e prazeres de amores proibidos, perdia a graça. Valia mais retornar a Tagaste.

# VI. Desgosto da vida

No verão de 373, Agostinho voltou para a casa. Veio sozinho para cuidar dos detalhes da mudança de sua família. Esse foi o primeiro ponto de discórdia com sua mãe. Esse retorno pouco glorioso do filho prodígio que tinha saído de Tagaste em busca de um futuro brilhante era uma grande humilhação para Mônica. Agora ele havia se tornado um mero professor, com uma concubina e um filho bastardo: a decepção estava completa. Normalmente os rapazes não se preocupavam com suas amantes, e era muito raro se preocuparem com os frutos dos seus amores ilícitos. Mônica tinha pensado que o filho faria o mesmo, mas estava enganada e ficou muito aborrecida.

Agostinho diria que nessa época sua mãe ainda andava pelos "arredores da Babilônia".[1] Estava certamente chocado de ver aquela boa

[1] *Confissões*, II, III, 8.

cristã, aquela mulher extremamente devota e apegada à letra da lei divina, ser incapaz de colocar seu espírito em prática simplesmente porque a moralidade evangélica tinha frustrado seus planos, suas ambições e seus cálculos mundanos. Sabendo que Agostinho não era capaz de se manter casto, Mônica não pensou em encorajá-lo a casar-se com a mãe do filho para lhes garantir um futuro. Embora católica, aquela jovem era um obstáculo a ser removido. Por isso Mônica até considerou proibir a entrada de Agostinho à casa da família, caso ele pretendesse impor-lhe sua concubina, mas desistiu quando percebeu que talvez fosse mais fácil separar o casal se vivessem todos juntos. Assim, ela deixou claro que estava fazendo um favor a Agostinho que, mesmo morrendo de raiva, conteve-se, e não proferiu contra ela "nenhuma palavra ofensiva, nem mudou a expressão do rosto".[2]

Embora tivesse confessado suas desilusões profissionais, sua vontade de cuidar do filho Adeodato e sua mãe, não teve coragem para contar a Mônica sobre a adesão ao maniqueísmo. Teria sido prudência, medo de uma reação ainda pior do que a provocada pelo anúncio da chegada da concubina com uma criança no colo? Ou seria a certeza de que poderia convencer a mãe com a mesma facilidade com que convenceu seus amigos? Será que Agostinho a via como apenas "mais uma mulher tola e ignorante",[3] deslumbrada com superstições risíveis sobre as quais sua ciência triunfaria rapidamente, uma vez que as maiores mentes de Cartago já haviam sucumbido e se convertido à doutrina de Mani?

---

[2] Ibidem, IX, XII, 30.

[3] Cf. *De Genesi ad litteram*, IX, V, 9. Agostinho expressou de maneira grosseira o que pensava sobre a inteligência das mulheres: "Se era de boa companhia e boa conversa que Adão precisava, seria melhor ter dado a ele um amigo em vez de uma mulher".

Agostinho não havia levado em conta um detalhe crucial: a ignorância preservava Mônica do orgulho intelectual. Nenhuma doutrina erudita embaralhou-lhe as ideias a ponto de alterar sua fé. Ela ainda estava longe de tornar-se uma santa, mas sua formação cristã era muito sólida. Mônica não caía na conversa de trapaceiros[4] que tentavam confundir o Cristo Redentor com a figura estranha de um outro esotérico. Estava imune às tolices da moda e também às investidas gnósticas que ofereciam a iluminação aos seus iniciados, mas Agostinho não tinha ideia de que encontraria uma oposição invencível em sua mãe.

No outono de 373, ele voltou a Tagaste com sua concubina e seu filho. Mônica conhecia bem a inconveniência de viver com uma sogra hostil, no entanto, isso não a tornou mais delicada com a companheira de Agostinho, restando a ele suportar tudo calado. Adeodato, porém, com apenas 18 meses, precisou apenas de um olhar para conquistar a avó.

Numa atitude típica masculina, Agostinho fingiu não perceber a atmosfera pesada imposta por sua mãe. Ele não queria se preocupar com esses problemas por achá-los indignos de sua inteligência. Mas como não era surdo nem cego, irritou-se com isso e chegou até a amaldiçoar aquelas mulheres que, com muitas brigas, perturbavam sua paz de espírito.[5]

Além de inventar problemas com sua nora, Mônica também se comportava como o modelo de viúva cristã. Tinha 40 anos quando

---

[4] Depois de convertido, Agostinho comparou os maniqueus a trapaceiros que prendem suas vítimas nas armadilhas de seus discursos.

[5] Agostinho reclamou da atitude da mãe numa carta a um de seus destinatários: "Seja esposa ou mãe, é sempre Eva a que devemos tomar cuidado diante de uma mulher, seja ela quem for", *Epístolas*, 243, 10.

perdeu o marido e jamais pensou em casar-se novamente. Assim ela tornava-se uma "univira" – mulher de um só homem, como recomendava a Igreja a quem ela reservava auxílios e honras. Ela não se ligou a ninguém nem teve amores secretos: guardava a castidade como convinha à sua condição. Com a morte do marido, ficou responsável pelo dinheiro da família, assim podia dar esmolas com mais generosidade, além de apoiar financeiramente a comunidade e os sacerdotes. Com o tempo livre, dividiu-o entre a igreja e o cemitério, assistia à missa diária, frequentava a catequese e rezava longas orações. Isso foi o suficiente para que ganhasse entre o clero e a vizinhança uma reputação de mulher devota e piedosa.[6]

É claro que ela nem sempre punha em prática o que professava. Por causa de toda a aparência, talvez sequer percebesse o que a sua conduta tinha de imperfeita. No entanto, tinha valores sólidos, tal como o seu apego à fé, e nisto ela era intransigente. Por isso não demorou muito para perceber que o filho não assistia mais às missas, nem mesmo aos domingos, e a espantar-se com os hábitos alimentares curiosos que o filho havia adotado, de sua recusa de colher frutas para dar aos pobres que passavam diante da casa deles.[7] No entanto, enquanto o nome de Jesus ressoasse nos discursos maniqueístas, Agostinho continuaria a se considerar um cristão, e de um cristianismo muito melhor do que o de

---

6 Cf. *Confissões*, IX, IX, 22.

7 Não devia colher frutos, especialmente os da figueira, "que chora lágrimas de leite", para não atentar as partículas da divindade, o cristo sofredor presente nas plantas; ainda menos permitir que esses frutos sejam comidos por não maniqueus, sendo os maniqueus os únicos capazes de libertar essas partículas divinas cativas do mundo material, consumindo-as…

sua mãe, que era ignorante a ponto de ser incapaz de admitir que os católicos haviam escondido a verdade sobre a religião.

Assim, diante das maneiras do filho, Mônica decidiu cobrar explicações. Agostinho respondeu-lhe, com aquele ar de superioridade insuportável, que tinha encontrado a verdade, que não era aquela ensinada pela Igreja, mas pela doutrina maniqueísta, na qual ele se comprometeu a converter sua mãe. Mal havia começado a falar e Mônica já teve a impressão de que o céu estava caindo sobre a sua cabeça. Ela pressentia algo, mas não imaginava tamanho desastre. Sabia bem o que era o maniqueísmo: uma heresia abominável que deturpava a natureza de Cristo e se servia de seu nome sagrado para seduzir as almas e conduzi-las à condenação. Era pior que o paganismo porque, como a Igreja sabia por experiência própria, era mais difícil trazer de volta à verdade os que tinham se perdido em seitas heréticas do que converter aqueles que ainda não conheciam Cristo.

De repente se deu conta de que seus cálculos e suas ambições tinham feito mal a seu filho. Compreendeu que ele havia se afastado, e talvez sem retorno; compreendeu que ele estava perdido num universo que ela não entendia e nem queria entender; que provavelmente Agostinho nunca receberia o batismo, morreria sem arrependimento e ficaria separado dela por toda a eternidade. Foi algo muito cruel. Pois, embora Agostinho estivesse ali diante dela, vivo e saudável, com todo o vigor dos seus 20 anos, "ela o via morto".[8] De um ponto de vista espiritual, isso era verdade, mas o infeliz, seduzido pelo próprio discurso, nem sequer o percebia. Lá estava ele, insistindo na sua argumentação pedante,

---

[8] *Confissões*, III, I, 19.

orgulhoso de si mesmo e de uma falsa ciência que pregava de forma insolente, esperando que a mãe o aplaudisse, vencida pela sua superioridade. Por um momento Mônica vacilou, porque estava atordoada. Mas, de repente, depois de ouvir o filho blasfemar de forma escandalosa contra a divindade de Cristo, foi despertada por uma raiva santa, ficou pálida e gritou, mostrando-lhe a porta:

— Fora!

Só Deus sabia o quanto lhe custou dizer isso, mas ela não só disse como repetiu. Sim, fora! Mônica se recusava a dividir o teto e sentar-se à mesa com Agostinho, "por horror e aversão às blasfêmias" do erro que ele professava.[9]

Agostinho não esperava por isso. Durante anos a mãe havia feito tudo por ele, portanto, jamais poderia imaginar aquela reação violenta. Ficou estupefato. Com o orgulho ferido, fingiu não dar importância e saiu de casa para se refugiar, com sua concubina e seu filho, na casa de Romaniano, que os acolheu.

Quando o mecenas local havia oferecido aquele cargo de *gramático*, como professor de colégio em Tagaste, não conhecia muito bem a personalidade de Agostinho. Seus amigos cartagineses, o seu próprio filho Licêncio falavam-lhe muito daquele rapaz excepcional. Mas Romaniano só se deu conta disso depois da sua primeira conversa com Agostinho: foi cativado por suas certezas e pela sua inquestionável superioridade. Romaniano era um bom homem, um catecúmeno católico, orgulhoso de sua posição social e um pouco vaidoso; não estava preparado para enfrentar a temível retórica de seu protegido.

---

[9] Cf. Ibidem.

Logo aceitou todas as teses e pontos de vista de Agostinho, sobretudo em relação ao maniqueísmo.

Foi como um mártir privado de teto por fidelidade aos ensinamentos de Mani que Agostinho desembarcou com sua família na casa de Romaniano, sendo recebido como hóspede ilustre.[10] Saiu no lucro quando trocou o modesto patrimônio familiar, sem comodidades e com a mesa pobre, por uma morada suntuosa. A casa de Romaniano era imensa: mobiliada de forma magnífica e bem equipada com banhos internos, muitos empregados, além de ser rodeada de jardins com fontes jubilosas. Diversos hóspedes podiam ser acomodados ao mesmo tempo.

O conforto, as refeições e o próprio ambiente revelavam-se bem melhores do que a casa de Mônica. Como o posto de professor ainda estava na fase de projeto, por falta de alunos, tudo o que Agostinho tinha para fazer era aproveitar a casa e a amizade de seu benfeitor, que também havia se tornado seu discípulo. Licêncio, o jovem da casa, no limiar da adolescência, tinha se convertido por influência de seu tutor, assim como todos os jovens ricos de Tagaste. Eram bons rapazes, mais ou menos ociosos e, por isso, podiam se dar ao luxo de passar dias inteiros discutindo exaustivamente com Agostinho as mais graves questões maniqueístas. Esse modo de vida era conhecido como *otium*, a ociosidade filosófica a que Cícero e seus discípulos encorajavam seus seguidores, que consistia em se entregar ao melhor do que a vida tinha a oferecer, e que reunia os encantos do estudo, da reflexão, da conversação e da amizade.

---

[10] Agostinho, *Contra Acadêmicos*, II, 3.

Entre os jovens que formavam o novo círculo de Agostinho havia um da sua época da escola, com quem tinha frequentado a igreja e também compartilhado das jogatinas, mas sem ter estabelecido qualquer vínculo particular. Essa camaradagem de infância acabou se tornando uma daquelas amizades apaixonadas, exigentes e exclusivas que surgem aos 20 anos de idade. Os dois tornaram-se inseparáveis. Mas essa ligação intelectual não agradava aos pais desse amigo,[11] que, católicos, não gostavam da influência desastrosa exercida pelo filho de Mônica. Naturalmente, foram reclamar a ela.

Mônica não via o filho desde a discussão em que acabou expulsando-o de casa. Recolhido à casa de Romaniano, Agostinho estava constrangido, muito envergonhado. Mas custava-lhe admitir, algo que entristecia sua mãe. Mônica percebeu que havia cometido um erro ao acossar o filho, pois assim acabou perdendo toda a influência sobre ele. Agora, já não era suficiente para Agostinho buscar a própria perdição, mas arrastar os outros junto. Havia motivos para se preocupar, e Mônica estava muito preocupada. Foi dela que Agostinho herdou, além da inteligência, o prazer em perverter e suas capacidades afetivas. Por se parecer com ela é que amou de forma intransigente. A única diferença é que Mônica escolheu Cristo e Agostinho para estarem no centro de sua vida e de sua ternura; já ele, por ser muito volúvel, fixava a atenção em vários objetos que eventualmente deixavam de satisfazê-lo e ele logo perdia o interesse. Agostinho acreditava estar "enamorado do amor" quando buscava o amor de Deus. Mas, enquanto não o encontrava, arrastou

---

[11] Anônimo... Seria discrição da parte de Agostinho, temendo, da mesma forma em relação a sua mulher, despertar lembranças dolorosas ao pronunciar o nome do amigo perdido? Ou indiferença?

seu coração e sua alma, sem ter um lugar para repousar, e isso lhe fazia crescer um desgosto constante.

Mônica não enxergava claramente esta realidade, mas sabia que, longe da Igreja e da fé, não havia nem paz nem salvação para seu filho. Restava apenas fazê-lo admitir e, teimoso como era, o caso parecia perdido. Por obstinação e orgulho, o rapaz nunca admitia estar enganado. A única esperança era uma intervenção da graça...

Mas a mãe e o filho mereciam a graça? Mônica estava convencida de que Agostinho jamais teria se convertido ao maniqueísmo, do qual nem teria ouvido falar, se ela não tivesse se esforçado tanto para enviá-lo para estudar em Cartago, na esperança de vê-lo iniciar uma grande carreira. Talvez ele também não tivesse se amasiado como uma menina sem expressão, se Mônica tivesse considerado que o filho precisava se casar, já que não era capaz de manter a castidade. Melhor ainda: poderia tê-lo batizado o quanto antes, assim, ele seria fortalecido pelo sacramento e preservado das tentações. No fundo, a culpa era dela. Sua falta de fé, sua ambição e vaidade haviam conduzido o filho à perdição, jogando-o nas armadilhas do demônio. Ela havia matado o filho e o entregado à pior das mortes: a espiritual, que o conduziria ao inferno.

Essa tomada de consciência, agravada pelas reprovações de seus amigos, perturbados ao verem seus filhos renunciarem ao catolicismo por influência de Agostinho, transformou-se em tortura. Mônica já não vivia mais, não comia nem dormia. Ela tinha de trazer o filho de volta para casa e vê-lo batizado.[12] Mas como fazer isso se Agostinho deixara sua casa e ela também não sabia como se opor à falsa ciência do filho?

---

[12] *Confissões*, III, XI, 19.

Só lhe restava implorar a Deus. Sozinha, não passava de uma pobre mulher responsável pela própria desgraça; não podia fazer nada! Mas, se o céu lhe tivesse misericórdia, certamente conseguiria superar aquele momento difícil. E estava convicta de obter uma ajuda divina, mesmo que isso significasse entregar-se por inteiro a uma incessante súplica.

No inverno de 374, Mônica decidiu abarrotar o Céu com suas orações e penitências, até ser atendida. Então, passou a mortificar-se em tudo: jejuou, rezou dia e noite como nunca antes em sua vida. E chorou. Aquela mulher, admirada por sua dignidade, pela aparente indiferença com que suportou todas as humilhações conjugais durante vinte anos, e por nunca ter sido vista murmurar por sua situação, chorou dias e noites em casa, na igreja, na rua. Suas lágrimas "regavam a terra por todos os lugares em que rezava. Chorava pela perdição de seu filho".[13] Ela só se importava com o filho, falava dele com a tristeza que se fala de um homem morto, causando mal-estar em todos a seu redor com sua dor tremenda e constrangedora. Achavam que ela exagerava. Alguns riam dela, outros a evitavam para não ter de ouvir seus lamentos intermináveis. Ela não se importava do que poderiam dizer pelas costas, apenas chorou.

Assim ela ficou por meses, até que teve um sonho: estava de pé numa régua de madeira,[14] triste e amargurada, quando surgiu um jovem

---

[13] Ibidem.

[14] No original em latim de as *Confissões*: *regula lignea.* Existem muitas interpretações para o que seria essa "régua de madeira". Alguns autores acreditam se tratar de uma espécie de marcação do nível de água dos canais utilizados pelos romanos na construção dos aquedutos; pode ser visto como um símbolo das águas do batismo. Outros apontam para uma alusão à "regra de fé" (*regula fidei*), e a madeira provavel-

luminoso e alegre que veio ao seu encontro. Perguntou-lhe os motivos da tristeza e de tantas lágrimas. Ela respondeu que chorava por seu filho. Então, para tranquilizá-la, aconselhou-lhe a prestar atenção, porque onde ela se encontrava, lá também estava seu filho. Mônica virou-se e viu que Agostinho estava realmente diante dela, na mesma régua.[15]

Um sonho estranho, como os sonhos costumam ser. Mas ela interpretou como uma mensagem dos céus. O jovem radiante que lhe sorriu era o próprio Cristo que veio confortar-lhe. A "régua de madeira" era a imagem simbólica da fé católica, regra de vida por excelência que deve ser praticada.

Quando Mônica acordou, estava num estado de louca agitação. Estava convencida de ter recebido o sinal esperado, a garantia de que seu filho se salvaria. Estava tão certa disso que esqueceu a briga e correu para a casa de Romaniano para encontrar-se com Agostinho.

Ele veio encontrá-la: estava com muitas saudades de casa e da mãe possessiva que o sufocava. Porém, mal pôde reconhecê-la naquela mulher devastada, envelhecida, enfraquecida e com os olhos vermelhos, que se atirou em seus braços dizendo palavras confusas. Quando compreendeu que sua mãe havia tido um sonho que ganhava uma dimensão sagrada, ele achou melhor prestar atenção em vez de rir. Para ele que não acreditava mais em Deus, mas em qualquer coisa, tudo parecia lógico. Por estar apaixonado pela astrologia e pela oniromancia, as interpretações de sonhos inspiravam-lhe mais respeito do que os Evangelhos. Então, ouviu sua mãe contar-lhe o sonho e os sentidos que havia dado para ele; depois respondeu-lhe dizendo que ela estava enganada:

---

mente seria uma referência ao lenho da Cruz (N. T.).

[15] Ibidem.

o jovem não havia dito que ele, Agostinho, retornaria às crenças da mãe, mas que ela, Mônica, haveria de juntar-se a ele no maniqueísmo.[16]

Normalmente, diante de tal afirmação, Mônica teria mergulhado numa fúria incontrolável, dizendo que o filho estaria blasfemando e, em seguida, teria partido indignada. Mas ela tinha realmente mudado. Em vez de perder a paciência, disse ter certeza de que não havia se enganado:

Ele não me disse: "onde ele está, você está!"; mas: "onde você está, ele está!".

Não havia nada a fazer, senão rir. É o que Agostinho teria feito em uma situação normal, mas não conseguiu. Ficou incomodado com as palavras de sua mãe. Suas crenças maniqueístas não foram abaladas, mas a ideia de retornar ao catolicismo, que ele sequer considerava, reaparecia como uma possibilidade remota, porém plausível. Ele fingiu não se importar, e Mônica não se ofendeu com isso. Pediu para que ele voltasse para casa, com a mulher e o filho Adeodato, acreditando que a passagem de Agostinho à heresia já era coisa do passado. Isso o deixou ainda mais perturbado, mas não demorou para aceitar o convite para voltar para a casa. Era uma vitória para Mônica. Agostinho não renegou suas loucuras, mas aos poucos ia cedendo à autoridade da mãe, que recuperava o controle da situação.

Ao voltar para casa, Agostinho levou consigo os seus discípulos, que continuavam a debater suas crenças maniqueístas, que Mônica, com bom senso e uma fé iluminada, percebia serem ridículas. Mas ela se calava porque, mesmo condenando a heresia do filho, admitia que ele era

---

[16] Ibidem, III, XII, 20.

brilhante em falar, debater e convencer; enfim, ela sabia que não estava em condições de enfrentá-lo. Notava falhas em seu raciocínio e a falsidade das suas crenças, mas sabia que Agostinho não precisaria de muitas palavras para reduzir a nada qualquer tentativa de oposição. Havia se informado sobre a doutrina maniqueísta, havia consultado padres e alguns leigos instruídos na esperança de encontrar alguém capaz de tirar Agostinho do erro. Nenhum deles conseguiu. Alguns até se confessaram confusos e que, com uma ou duas perguntinhas insidiosas, Agostinho havia lhes baralhado as ideias.[17] Definitivamente, este não era o resultado que ela esperava.

No final da primavera de 374, quando Mônica já estava desesperada para encontrar alguém que pudesse rivalizar com seu filho, soube que o bispo de Madaure passava por Tagaste. Ele tinha nascido numa família maniqueísta e foi educado nessa seita, mas depois de adulto a abandonou para tornar-se católico. Ele deveria ter bons argumentos para demonstrar que Agostinho estava errado nas suas crenças. Mônica apressou-se em procurá-lo. Contou-lhe, chorando muito, sobre a conversão de seu filho à doutrina de Mani, sobre a influência que ele havia adquirido na seita e os estragos que vinha causando entre seus parentes e amigos católicos. Por fim, implorou para que o bispo fosse vê-lo e fizesse algo para trazer Agostinho de volta à religião de sua infância.

O bispo já tinha ouvido falar daquele jovem talentoso e da confusão que ele vinha causando. Por isso evitou o confronto, o que deixou Mônica desesperada. Ele explicou que seus esforços seriam inúteis, pois Agostinho era incapaz de ser esclarecido, afinal, estava todo inflado

---

[17] Ibidem, III, XII, 21.

pelas novidades e, como a própria mãe admitia, não parava de causar problemas na alma dos ignorantes:

— Deixe-o em paz, por enquanto. Apenas reze ao Senhor por ele. Espontaneamente, por meio das leituras, ele descobrirá por si mesmo a natureza desse erro e também a própria impiedade.

O bispo de Madaure já havia seguido esse caminho e, depois de estudar muito os livros da seita, acabou se convencendo de que era tudo superficial e que deveria abandonar o maniqueísmo. Agostinho era inteligente demais para não fazer o mesmo quando chegasse a hora.

No entanto, Mônica esperava uma ajuda mais efetiva, não boas palavras e a previsão de que tudo daria certo no final. Por isso, suplicou-lhe novamente para que fosse conversar com Agostinho. Era preciso trazê-lo de volta à fé! Chorou e soluçou aos pés do bispo que, "já um tanto aborrecido"[18] com aquela insistência, despediu-se abruptamente e, vendo Mônica ainda em prantos, disse algo num tom que ela acreditou ser profético:

– Vai e vive em paz, pois assim como sobrevivi, o filho por quem choras há de sobreviver. É impossível que se perca um filho de tantas lágrimas...

Mônica foi embora com dor no coração, mas levando um lampejo de esperança que ainda palpitava. Disse e repetiu várias vezes aquelas palavras do bispo para Agostinho, como prova de que ele ainda voltaria ao catolicismo. Mas ele não deu ouvidos. O bispo que já havia sido herege tinha razão: no alvorecer da descoberta do maniqueísmo, o jovem entusiasmado era incapaz de ter senso crítico.

---

[18] Ibidem.

Essa fase passaria, bastava esperar. Mas era justamente essa espera que enchia Mônica de angústia, porque ela temia que Agostinho pudesse morrer antes que a graça cruzasse o seu caminho.

A dor e a morte estavam realmente à espreita. No início do verão de 374, um grande amigo de Agostinho, aquele com quem ele havia estabelecido uma grande amizade desde o seu retorno, caiu doente e entrou em coma.[19] Muito angustiado, Agostinho o velava dia e noite, mas sua presença não impediu que os pais, que eram católicos, vendo o filho agonizar, decidissem batizá-lo. A cerimônia aconteceu sob o olhar zombeteiro de Agostinho, que considerou nulo um sacramento dado a um homem inconsciente, sem seu consentimento. Pouco depois o amigo recobrou a consciência e Agostinho fez comentários ridicularizando o sacramento, esperando que suas palavras fossem recebidas de forma espirituosa, mas foi repreendido. O amigo exigia respeito, pois o batismo era sério e ele se sentia realmente católico. E o alertou que não deveria proceder assim se quisesse preservar a amizade. Agostinho ficou magoado, mas achou que aquela reação ainda era efeito da doença. Foi embora persuadido de que o amigo retornaria ao maniqueísmo assim que fosse curado.[20]

Mas não deu tempo. Uma recaída com novo acesso de febre levou o amigo de Agostinho, que viu o mundo desmoronar. Sem a morte, a vida perde seu sentido, sua luz, seu interesse. Diante da dolorosa perda física, irreparável, essa separação definitiva daquele que ele tanto estimava juntou-se à convicção terrível de tê-lo perdido para sempre, pois

---

[19] Amigo que Agostinho, conforme ele mesmo conta, desviou da fé verdadeira, "arrastando-o para as superstições falsas e perniciosas", cf. Ibidem, IV, IV, 7. (N. T.)

[20] Ibidem, 8.

ao receber e aceitar o batismo católico, tinha se apartado da única salvação trazida por Mani…

Agostinho sentia-se morrendo, chegou a pensar em suicídio, porque não poderia viver "partido ao meio", amputado de metade de si mesmo. Mas não teve coragem: sentia um medo terrível de morrer.[21] Sofreu muito e logo chegou à conclusão de que deveria partir para bem longe de Tagaste e das suas lembranças.

Como? Para onde? Ele não tinha dinheiro, nem apoio, nem planos. Via-se, enfim, diante de "uma grande interrogação".[22] Mas era partir ou morrer. Então procurou o único que poderia ajudá-lo: Romaniano – que ficou muito contrariado.[23] A ele, Agostinho representava um investimento a longo prazo, que havia se concretizado com a fundação da escola que havia prometido, e que coroava a sua carreira de evergeta.[24] Mas, depois de um ano, a escola já não existia mais, e Licêncio, seu filho, era o único aluno de Agostinho. O maniqueísmo do professor, as conversões a que ele havia levado, explicam esse fracasso. Nenhum católico ou donatista notável de Tagaste quis confiar seus filhos a ele, pois temiam que fossem recrutados para uma seita da qual o próprio Agostinho tinha se tornado porta-voz.

Romaniano não ignorava isso, o que pesou na sua decisão de enviar Agostinho de volta para Cartago. Ele tinha se apegado ao garoto, admirava-o, admitia que ele estava perdendo tempo em Tagaste. Além

---

[21] Cf. Ibidem, IV, VI, 11.

[22] Ibidem.

[23] *Contra Academicos*, II, 3.

[24] Título que as cidades romanas davam aos cidadãos beneméritos de outros Estados (N. T.).

disso, por também ser um convertido ao maniqueísmo, encorajava-se a promover a carreira de seu protegido. Por isso, usou suas conexões para obter um cargo de retórico municipal para Agostinho, que em Cartago era equivalente a uma cátedra universitária. Assim, no outono de 374,[25] Agostinho voltou para a "frigideira".[26]

---

[25] Segundo alguns biógrafos, o retorno para Tagaste foi em 375; depois para Cartago, em 376.

[26] Usava-se a palavra latina *sartago* (frigideira), para se referir a Cartago, cidade onde "fervilhavam os amores ilícitos". Santo Agostinho faz um trocadilho no início do livro III de *As Confissões*: *Veni Carthaginem, et circumstrepebat me undique sartago flagitiosorum amorum* – "chegando a Cartago, logo fui cercado pelo fervilhar dos amores ilícitos". (N. T.)

# VII. "Um filho de tantas lágrimas"

Desta vez, Mônica acompanhou o filho.[1] E não tirava os olhos dele. Agostinho não foi capaz de detê-la, e ficou à beira da depressão, com um "desgosto da vida", uma abulia que tirava-lhe o ânimo de brigar com a mãe. Além disso, ele não queria brigar, pois sentia a necessidade da presença dela. Mas dissimulava dizendo que era a mãe que precisava dele e "não podia ficar um única dia sem vê-lo, tanto que o amava".

---

1 Agostinho nada diz sobre a presença da mãe em Cartago, mas ela estava lá quando ele embarcara secretamente para Roma. Pode-se perguntar por que, para fugir clandestinamente, sem avisá-la, ele teria esperado que ela chegasse a sua casa. É provável que eles tenham vivido juntos, sobretudo porque, quando ela morreu, ele disse que a dor do luto foi agravada pelo peso dos anos passados juntos sem se separarem. Portanto, se desconsiderarmos essa estadia em Cartago, teríamos de admitir de eles não viveram muito tempo juntos.

Mas a presença de Mônica não pareceu ter mudado em nada as escolhas de Agostinho. Ele continuou a frequentar os círculos maniqueístas, a participar das cerimônias da seita e, com seus discursos, sempre atraía novos seguidores. Era tido como um mestre, e recebeu a promessa de vir a se tornar um dos chefes. Mas por que essa perspectiva gloriosa não o seduziu tanto quanto ele imaginava? Ele mesmo não sabia.

Pouco a pouco, com o passar do tempo, a dor pela morte do seu amigo foi diminuindo. Agostinho descobriu que podia viver sem ele, e outras amizades tornaram-se possíveis. Como tinha uma natureza muito sociável, não se privou disso.

Havia um estudante de Tagaste chamado Alípio que, embora estivesse proibido pelo pais de assistir às aulas de Agostinho, passou a frequentá-las como ouvinte. Logo, mestre e discípulo, quase com a mesma idade, tornaram-se amigos inseparáveis. Também não demorou para que Alípio caísse nas armadilhas maniqueístas. Um outro, chamado Nebrídio, cuja inteligência e lógica implacável agravaram a Agostinho, foi o seu opositor invencível. Ele era pagão, mas detinha conhecimentos científicos muito superiores aos de Agostinho, por isso conseguia apontar as aberrações maniqueístas em astronomia, demonstrando que os cientistas já conheciam há séculos o sistema de eclipses lunares e solares, que era o oposto das elocubrações de Mani sobre o assunto. Isso perturbou Agostinho. Foi ainda pior quando Nebrídio fez um ataque implacável aos sagrados fundamentos da teologia maniqueísta, demonstrando suas contradições. Sem saber responder, Agostinho recorreu aos doutores da seita. Falava-se muito que o maniqueísmo ia se revelando aos poucos, e por merecimento, para os iniciados que perseverassem em alcançar uma sublime iluminação, por isso ele esperava uma revelação grandiosa que pudesse calar seus oponentes. Mas em vez disso deparou-se com doutores de rosto envergonhado, palavras evasivas e procrastinação. Eles também admitiam não ter respostas, mas garantiram que havia outros, mais avançados na fé, que saberiam responder. Agostinho achou que seria conveniente consultá-los quando essas sumidades visitassem Cartago. Então, resolveu esperar.

Mônica era testemunha dessas polêmicas que ocorriam na sua casa. Como ouvia as discussões entre o filho e os amigos, começou a compreender alguns pontos que se julgavam inacessíveis às mulheres. Ela também aproveitava as aulas, aprendendo boas noções de filosofia, embora não demonstrasse. Só quando os alunos iam embora, retomava, sozinha com Agostinho, alguns argumentos de Nebrídio, dando-lhes uma perspectiva cristã.

Agostinho estabeleceu novas relações, desta vez com homens experientes que já tinham alcançado o auge de suas honras e haviam se interessado por ele. Por serem refratários a crenças tolas, ajudaram a minar sua fé. Suas certezas foram enfraquecendo, a ponto de levá-lo a reabrir a Bíblia, escondido, para procurar esclarecimentos que os livros de Mani não lhe davam. Porém, a versão africana das Sagradas Escrituras ainda lhe inspirava certa repugnância, e a verdade continuava a fugir dos seus esforços. Isso o entristeceu. E essa insatisfação perpétua o impedia de aproveitar a vida.

Sua cátedra de retórica, que ele via como uma ótima oportunidade para chegar ao topo da burocracia, havia se tornado um empecilho. O salário pago pela cidade de Cartago era extremamente baixo se comparado ao de um retórico talentoso no setor privado. Seu gênio não se desdobrava diante de alunos medíocres que não estavam interessados em aprender, e eram baderneiros demais, a ponto de tornarem qualquer ensino impossível. Ele precisava subir o tom de voz para ser ouvido, e isso o deixava exausto, desestimulado e sonhando em fazer outra coisa.

Encontrava felicidade apenas em sua companheira e em seu filho. Da jovem mulher ele exigia apenas carinho e os prazeres carnais; mas no fundo ele a amava. Já em relação a Adeodato, o menino se revelava uma criança muito inteligente, o que deixava Agostinho orgulhoso.

Mas isso não era suficiente. Ele ainda procurava respostas às suas perguntas. Ele queria a luz, a verdade. Ainda aguardava a vinda dos maniqueus, principalmente o mais famoso deles, o bispo Faustus de Milev, cuja chegada a Cartago já tinha sido anunciada. Provavelmente foi entre os anos 382-383.

Agostinho já lecionava havia 7 anos e estava cada dia mais entediado.

Faustus de Milev era um homem amável, culto,[2] de fala muito agradável. Agostinho não escondia o prazer de conversar com ele, mas decepcionou-se quando abordaram os assuntos referentes às refutações de Nebrídio quanto ao mecanismo dos eclipses demonstrado pela ciência, que estava em flagrante contradição com os ensinamentos maniqueístas. O herege, então, confessou não ter a resposta, e Agostinho enfrentou uma violenta desilusão. Havia colocado todas as esperanças em conhecimentos esotéricos para descobrir que não havia nada excepcional.[3] O que ele iria fazer da vida sem uma luz para iluminá-la? Foi dominado pela angústia e suas frustrações. E para isso ele só conhecia um remédio: a fuga!

---

[2] *Contra Faustum*, I, 1; *Confissões*, V, VI, 10.

[3] *Confissões*, V, VII, 13.

Vários de seus alunos, incluindo Alípio, haviam partido para Roma. Escreveram-lhe dizendo que o ambiente intelectual permanecia de alto padrão; que a inteligência se mostrava à vontade em meio a interlocutores renomados e, detalhe importante, os professores independentes ainda que pouco conhecidos, ganhavam duas ou três vezes mais do que em Cartago. Eles poderiam ainda ter a esperança de atrair a atenção da corte imperial, concorrer a cargos públicos – enfim, era a fama, a fortuna, o sucesso, os bons contatos, uma casa de campo semelhante à de Romaniano e o fim de todas as preocupações materiais que envenenam a vida cotidiana.

Mônica desejava ardentemente esse sucesso para o filho. Ela e Patrício tinham feito todos os sacrifícios para isso. Por que, então, ficou tão chateada com a possibilidade de seu filho partir para Roma? Teria ela perdido a esperança de ver o filho bem-sucedido? Ou estaria satisfeita com o pouco que havia conseguido em Cartago? Não! Mas Agostinho não escondeu dela que iria sozinho, e isso a deixou aborrecida. Não queria deixá-lo ir porque temia que, enquanto se afastava do maniqueísmo, longe dela, poderia cair sob a influência de outra seita. Ela queria estar perto para cuidar dele.

Mas esse não foi o único motivo que lhe dava razão para partir. Além das decepções profissionais e metafísicas, sentia-se asfixiado pela esposa, a quem era fiel e amava, mas que dificultou sua ascensão social, e pela mãe, reverenciada por ele, mas também abusiva. Essas duas imagens de Eva dentro de casa, ambas carinhosas, atenciosas, protetoras e ávidas por fazê-lo feliz, o impediam de viver. Não ousou dizer a elas, pois odiava, como tantos homens, reclamações, brigas e lágrimas. Portanto, era caso de vida ou morte. Assim, covardemente, em segredo, começou a preparar sua partida.

Naquele verão de 383, Agostinho havia se afastado do maniqueísmo; ele não acreditava mais naquilo. O bispo de Madaure tinha razão quando disse a Mônica que, cedo ou tarde, o filho perceberia o engodo daquela doutrina e se afastaria dela. Ele, porém, ainda precisava da seita e, descaradamente, pediu ajuda para ser acolhido, hospedado e sustentado durante os primeiros dias em Roma. Com isso arranjado, reservou uma passagem no navio que ia de Cartago a Novus Portus, em Roma, no estuário do Rio Tibre. Depois, fez suas malas e deixou com um de seus alunos, pedindo-lhe que a levasse até o navio e fingisse ser sua, caso Mônica fizesse perguntas.

Mas ela não foi enganada. Conhecia Agostinho muito bem para não perceber que ele estava se preparando para partir. Ele tentou fazê-la acreditar que era um projeto vago, para o futuro, assegurando que jamais partiria sem avisar, mas Mônica estava vigilante. Ela se agarrou a ele, não o perdendo de vista assim que soube da sua pretensão de mudar-se para a Itália. Agostinho já não sabia mais se deveria comover-se com essa atitude ou amaldiçoar aquela mulher incapaz de admitir que o filho havia se tornado um homem. Sua necessidade de fugir e escapar dela aumentou, e ele ainda se sentia envergonhado.

O dia da sua partida finalmente chegou. Como precaução adicional, ele havia reservado sua passagem para um pequeno barco que não saía do porto de Cartago, mas de uma baía remota onde não seria reconhecido, e sua mãe não seria informada de sua partida. Então, saiu de casa numa bela noite de verão, na companhia do aluno que lhe dava cobertura, fingindo acompanhá-lo até o embarque.

Ele expressava um ar falso, tão envergonhado, que Mônica entendeu tudo: estava indo embora, como um ladrão, sem dizer nada, sem se despedir, fingindo que ia apenas dar um passeio. Ela se ofereceu para ir junto, mas ele recusou. Então ela chorou. Era incrível como ela conseguia chorar agora, depois de haver engolido as lágrimas por tanto tempo, quando se tratava de Agostinho... Enquanto soluçava, ela implorou que a levasse com ele, ou adiasse sua partida, pois sentia, no fundo do coração, que ele a estava abandonando. Fiel à própria mentira, ele dizia que ela estava enganada, que ele iria apenas acompanhar o amigo. Ela não acreditou. Quando o filho saiu de casa, ela o seguiu, agarrada a seu braço, chorando. Todos olhavam. Agostinho ficou constrangido; queria fugir para a clandestinidade sem ter de passar pelo ridículo dessa cena que ele não achava nada comovente.[4]

Para piorar a situação, quando chegou à enseada, o capitão o informou que, devido à falta de vento, teriam de adiar a partida. Esperariam a brisa da noite para zarpar. As lamentações de Mônica redobraram. Ela tinha certeza de que o filho queria embarcar. Ele continuou mentindo, "mentiu para uma mãe dessa forma"; o remorso por esse crime o atormentaria mais tarde; naquele momento ele só pensava na fuga, e ela estava atrapalhando. Ainda tentando dissimular, Agostinho disse que sua mãe não podia ficar, pois ninguém sabia quanto tempo ainda teriam de esperar. Ele ficaria com o amigo até a hora do embarque, dormiriam na praia, se preciso, mas ela, por não poder fazer o mesmo, tinha de voltar para a casa antes de escurecer. Mas ela recusou.

---

[4] Ibidem, V, VIII, 15.

No alto da enseada havia uma capela de São Cipriano. Agostinho aconselhou sua mãe a subir para lá. Já que ela não queria voltar para a cidade, poderia fazer suas orações até que o navio zarpasse, depois voltariam juntos para Cartago. Ela aceitou.

Ele a conhecia bem. Absorvida nas suas orações, Mônica sempre perdia a noção do tempo. Enquanto ela abarrotava o céu com súplicas para que ele não partisse, ele navegaria para longe.[5] Quando descobrisse, seria tarde.

Ele a observou subir ao santuário com seus passos cansados. Não acreditava que essa separação, que ele considerava uma libertação, pudesse ser definitiva. Estava aliviado de vê-la ir embora. Quanto a fazê-la sofrer, comparou a queixas de uma gata que se perdia dos filhotes... Era apenas o instinto materno primitivo, a necessidade insuportável das filhas de Eva se agarrarem aos frutos de seus ventres, porque eram incapazes de tratar como homens aquelas crianças a quem deram à luz.[6]

Agostinho viu a mãe entrar na capela. O sol já estava se pondo no horizonte. Em breve estaria escuro e, lá de cima, seria impossível ver o navio partindo ou quem havia embarcado. Ele suspirou aliviado. Não demorou para subir a bordo. "O vento soprou, as velas se encheram e desapareceu a praia onde, na manhã seguinte, ela enlouqueceria de dor".

Qual não foi o desespero de Mônica quando, ao amanhecer, descobriu que o navio havia partido e seu filho embarcado? Agostinho sabia

---

5 Ibidem.

6 Ibidem. Agostinho diz isso de uma forma menos brutal, mas essa é a essência de seu pensamento, pois escreveu: "Surgia, neste seu sofrimento, a herança de Eva, pois procurava na dor aquela que na dor tinha dado à luz" (cf. Gn 3,16).

que ela o acusaria de ter sido cruel e indigno. E era verdade! Mas não considerou que partir o coração de uma mulher, privando-a de seu filho, suscitaria também uma raiva enorme. Mônica não sabia o que era pior: viver separada de seu Agostinho, ou ter dado à luz a um ser tão traiçoeiro e cruel.[7]

Essa raiva a ajudou a suportar o golpe e a incompreensão que sentiu ao descobrir que suas orações daquela noite não tinham sido atendidas. Um dia seu filho escreveria de forma magnífica: "Meu Deus, nos teus misteriosos desígnios, escutando o ponto vital dos seus desejos, não atendeu ao que ela pedia exatamente para realizar em mim a aspiração de suas contínuas preces".[8] Ou seja, Deus havia permitido a partida de Agostinho, ainda que Mônica implorasse o contrário, para facilitar sua conversão ao catolicismo. Essa leitura providencial é correta, mas naquela ocasião, quando Mônica voltava sozinha a Cartago, banhada em lágrimas, e depois de envelhecer dez anos numa só noite, via-se apenas diante da desgraça que tinha se abatido sobre ela.

Mas o que ela fez nos vinte meses que a separaram de um reencontro que ela não via a hora de ocorrer? Voltou para Tagaste, afinal, o que faria em Cartago sem Agostinho? Levou consigo Adeodato, a quem amava profundamente, porque o menino lembrava o pai, e não ousou deixar a mãe do pequeno para trás.

De volta para casa, caiu nos braços de Navígio, o filho mais velho, sempre posto de lado para que se exaltasse o irmão mais célebre, que ocupava todos os pensamentos da mãe. Mas Navígio permanecia ali, presente, como uma rocha, quando a mãe precisava. Este rapaz corajoso

---

[7] Ibidem.

[8] Ibidem.

e sem história, admitiu a superioridade óbvia de seu irmão mais novo, e a injusta preferência materna, sem ao menos reclamar. Ele amava a mãe; ficava infeliz ao vê-la infeliz. Por isso, logo percebeu que a única forma de consolá-la era permitir que ela fosse atrás de Agostinho. Seria uma viagem complicada e muito cara. Porém, naquele momento, eles ainda não sabiam ao certo onde Agostinho se encontrava. E essa falta de notícias somava-se aos tormentos que Mônica já vivia.

Na verdade, a fuga de Agostinho para Roma não tinha dado muito certo. Chegou à Cidade Eterna em setembro de 383, foi recebido por um maniqueísta e logo adoeceu.[9] Todo verão havia surto de malária; ele foi uma vítima. O dono da casa que o acolheu pensou que Agostinho morreria, mas ele se recuperou. Mais tarde, atribuiu sua cura às orações de sua mãe.[10] Como o céu poderia ter desprezado "o coração contrito e humilhado de uma viúva pura e modesta",[11] permitindo que perdesse o filho que ela disputava tão ardentemente com o demônio?

Mônica não soube desse incidente grave na saúde do filho. Também não soube que Agostinho, mesmo agonizando, sequer pensou em pedir o batismo. Não foi informada, mas pressentiu os perigos aos quais o filho indigno, a quem ela gostaria de ter deixado de amar, estaria exposto longe dela. Para tranquilizá-la, Navígio disse-lhe que teria notícias assim que as rotas marítimas fossem reabertas, em meados de fevereiro, e ela veria que estava enganada ao se atormentar achando que o filho estava em perigo. Mas ela sabia, podia sentir e, então, rezou, como jamais havia rezado.

---

9 Ibidem, V, IX, 16.

10 Ibidem.

11 Ibidem, 17.

Agostinho restabeleceu a saúde, mas estava exausto, privado do melhor de sua capacidade, quase impossibilitado de dar aulas; o ano letivo havia começado e os alunos já matriculados.

Era difícil para ele atrair alunos em número suficiente para a ganhar a vida. Sua reputação de retórico, exaltada em Cartago, era inexistente em Roma. Ninguém tinha ouvido falar nele, nem dos modestos escritos que tinha composto – que ele acreditava serem dignos de passar para a posteridade. Em Roma ele era um completo desconhecido, cujo sotaque africano fazia as pessoas rir. Ele teve, enfim, poucas chances de obter sucesso, e para piorar, quando chegou a hora de seus alunos pagarem o que deviam, todos desapareceram sem lhe dar um centavo. Seus colegas explicaram que ele havia sido vítima de um golpe muito comum.[12]

Só lhe restava, portanto, voltar a Cartago. Mas ele resolveu ficar e esperar por algum evento improvável. Quando já não contava mais, a sorte assumiu as feições do prefeito de Roma, Quinto Aurélio Símaco. Herdeiro da velha aristocracia romana, Símaco pertencia ao ramo de sua família que era leal aos deuses antigos. Por outro lado, seus primos tinham dado à Igreja uma mártir, Aurélia Sotheris, uma adolescente decapitada no ano 304 por ter se recusado a negar Cristo, e depois Aurélio Ambrósio que, a pedido do povo, havia passado da prefeitura para a arquidiocese de Milão. Era um prelado de combate que, desde então, tinha colocado seu perfeito conhecimento do mundo político e dos mistérios da corte imperial a serviço de Deus.

Primos de primeiro grau, Ambrósio e Símaco conheciam-se desde a infância. Amavam-se e estimavam-se, mas quando atingiram o

---

[12] Ibidem, V, XII, 22.

auge de suas honras, assumiram duas visões incompatíveis sobre a grandeza e o futuro de Roma. Eram dois patriotas distintos, cada qual considerando-se o portador de uma ideologia indispensável para sua civilização. Símaco censurou Ambrósio e os cristãos por terem renegado o passado glorioso de Roma, além de terem abandonado a religião tradicional romana, quebrando o pacto entre o Império e seus protetores celestes. A ele, esta havia sido a razão de todos os desastres. Já Ambrósio acusava o primo de ter virado as costas para a verdade deliberadamente, além de ter proibido uma renovação que só poderia surgir do cristianismo. Entre eles o mal-entendido foi completo, e a luta pela influência, implacável.

Algum tempo antes, Ambrósio havia tido um sucesso decisivo ao convencer o jovem imperador Valentiano II contra o conselho de sua mãe e regente Justina, uma herege ariana que odiava o bispo, de retirar a estátua da Vitória da câmara do Senado Romano, diante da qual, desde o reinado de Augusto, os senadores deliberavam, votavam e prestavam culto sob o pretexto de que essa representação pagã ofendia os senadores católicos. Símaco tinha ido a Milão para tentar convencer Ambrósio a aceitar a manutenção da imagem no Senado. Embora seu discurso tenha sido saudado por toda a plateia, incluindo Ambrósio, não conseguiu reverter a situação. A partir desse episódio, Símaco procurava um jeito de dar o troco no primo.

No verão de 384, ele recebeu uma carta da corte, pedindo-lhe que escolhesse, entre os acadêmicos romanos, um candidato à cadeira de retórica em Milão. Por ser numa capital do império, o cargo garantia boa remuneração, além do privilégio ao titular de escrever os elogios ao imperador e a sua mãe, por ocasião dos aniversários e dos grandes feitos do reinado. Um adulador habilidoso poderia agradar e ser chamado para posições muito mais promissoras.

Mas será que um jovem professor desconhecido, recém-chegado a Roma, teria alguma chance? Bem, Símaco fora prefeito na África e gostava de seguir o costume de favorecer os nativos da sua antiga província. Além disso, não escondia a sua hostilidade aos católicos, nem o desejo de aborrecer seu primo Ambrósio. Nomear um maniqueísta àquele cargo importante, vê-lo ganhar influência sobre Valentiano diante do nariz de Ambrósio parecia uma boa vingança. Assim, Símaco acolheu com benevolência a candidatura de Agostinho e, tendo-o submetido a um exame, declarou-se satisfeito e o enviou para Milão.[13]

[13] Ibidem, V, XIII, 23.

# VIII. "Milão"

Só lhe restava aproveitar! E ele aproveitou. Aos 30 anos, Agostinho sabia que era a sua única e provavelmente a última chance de começar a corrida pelas honrarias com que tanto sonhava. Ele trabalhou muito, incansavelmente, até tarde da noite para garantir que suas aulas fossem as mais brilhantes possíveis. Aperfeiçoou o discurso que faria por ocasião do décimo aniversário do reinado de Valentiano, tentando destacar os altos feitos imaginários[1] de um garoto patético de 14 anos que, toda corte sabia, era dominado pela temível mãe. Nos raros momentos de tempo livre, Agostinho marcava encontros com todos as pessoas disponíveis em Milão, pois estava determinado a estabelecer relações vantajosas o mais rápido possível.

---

[1] Ibidem, VI, VI, 9. Diz o próprio Agostinho: "discurso cheio de mentiras que seriam aplaudidas por ouvintes que sabiam tratar-se de mentiras".

Para sua grande alegria, Alípio e Nebrídio, seus alunos favoritos, informados de que ele estava se estabelecendo em Milão, foram juntar-se a ele, e a chegada dos dois tornou tudo mais agradável. Naquele outono de 384, tudo parecia sorrir para Agostinho. No entanto, como de costume, ele não estava feliz e não conseguia compreender o motivo. Questionava-se sobre as razões de estar sempre de mal com a vida. Na manhã em que seria celebrada a *Decenalia*,[2] encontrou um mendigo bêbado que caminhava alegre pela rua. Agostinho estava muito apreensivo, pois seria o seu primeiro discurso público. Mas aquele homem bêbado o fez refletir: ele ia feliz porque tinha abdicado das ninharias da glória, da riqueza e até mesmo de uma posição social elevada. Pode até ser que aquela reflexão o tenha inspirado a imitá-lo, mas os aplausos que recebeu por seu discurso apagaram imediatamente aquela sabedoria para lançá-lo novamente nas nuvens mundanas.

Mas enquanto aguardava atingir as alturas, tinha de se ocupar da vida cotidiana. O problema era que Agostinho demonstrava-se inapto para isso, pois vivia preso ao trabalho e a todas as obrigações que a ambição lhe criava. Alípio e Nebrídio, que moravam com ele, não se mostravam dotados para tanto. Diante da inaptidão comum, Agostinho pensou em se casar, mas os colegas protestaram, pois a vinda de uma esposa poria fim imediato naquela pequena comunidade intelectual que tanto lhe agradava.

No entanto, a motivação de Agostinho para arrumar uma mulher não se resumia apenas em se livrar das preocupações materiais. Desde sua partida de Cartago, para satisfazer seus sentidos exigentes, ele era

---

[2] Os dez anos de reinado de Valentiano II.

obrigado a recorrer aos amores remunerados, e sentia uma certa vergonha disso. Ele gostava de se entregar aos prazeres, mas detestava a libertinagem. Além disso, ainda não se sentia confiante em sua carreira para pedir a mão de uma moça de boa família que pudesse facilitar sua ascensão social. Mirar mais baixo poderia condená-lo ao isolamento social e, provavelmente, à mediocridade. Então foi preciso esperar, até que, no final do inverno de 385, ele decidiu trazer a família para Milão.

Na sua cabeça, pensava em trazer apenas sua mulher e Adeodato, mas sabia que Mônica não perderia a oportunidade de ver o filho novamente. Durante um ano inteiro ela se segurou em Tagaste, esperando as cartas muito raras de Agostinho, que finalmente informou a família sobre sua mudança triunfal para Milão.

Mônica nunca duvidou da capacidade dele, mas não ficou tão feliz como tinha imaginado. O maniqueísmo de Agostinho permanecia como um espinho em seu coração. Que importava ele alcançar altos postos de poder e glória neste mundo, se estivesse perdendo a alma? Mônica não condenava as ambições do filho, que ela mesmo tinha estimulado, mas queria, acima de tudo, vê-lo batizado. Ao ler as cartas, não lhe parecia que estivesse se corrigindo, e isso bastava para justificar o seu desejo de juntar-se ao filho. Ela havia notado que, nas cartas, ele não falava mais dos maniqueístas, o que lhe fazia perguntar a si mesma se isso significava que ele havia se distanciado da seita, e se não era preciso a sua presença para que ele se afastasse definitivamente, e depois aceitasse a ideia do batismo.

A carta de Agostinho, no entanto, pedia para preparar a viagem de Adeodato e da mãe para Milão. Dessa vez ele havia mandado o dinheiro necessário. Quanto à Mônica, ele deixou claro que não fazia nenhuma questão de trazê-la, mas era ingenuidade acreditar que isso a impediria de convidar-se. Mônica, então, reservou três passagens, em vez de duas, num navio que partia para Novus Portus.

Ela estava tão ansiosa para viajar que se recusou a esperar até maio, por conselho das companhias marítimas, quando as travessias eram mais seguras, e decidiu partir tão logo reabriu o tráfego marítimo para a Itália, no final de fevereiro ou início de maio. Ela fora avisada inutilmente sobre os perigos reais de naufrágio, mas queria tanto ver seu Agostinho que se recusou a crer que poderia morrer afogada antes de levar o filho às águas do batismo. Num sonho ela disse ter tido a promessa de uma travessia tranquila.[3]

Navígio nem tentou convencê-la a esperar, pois sabia que era inútil. Mas ficou muito apreensivo ao cuidar dos preparativos, afinal, amava a mãe e temia pelos perigos a que ela iria se expor. Ao contrário do irmão, ele viu o quanto Mônica tinha envelhecido. Ela tinha 55 anos, mas todas as lágrimas que havia derramado por Agostinho e a angústia e desilusão que ele tinha lhe causado, aprofundaram suas rugas e embranqueceram seus cabelos. Ela também não andava bem de saúde, e admitia isso, dizendo que estava próximo o tempo em que iria descansar perto de Patrício, na sepultura da família. Mesmo assim, queria viajar para a Itália, correndo o risco de morrer longe de sua cidade e, principalmente, de sua família.

Em fevereiro de 385, Navígio levou a mãe, o sobrinho e a "cunhada" para Cartago. Nuvens ameaçadoras escureciam o horizonte, mas Mônica não se importou. Dizia ao filho mais velho para não se preocupar

---

3 Ibidem, VI, I, 1.

porque Deus, num sonho, havia lhe garantido que a travessia seria tranquila. Sobre a tranquilidade ela exagerou, pois a viagem acabou sendo terrível. Devido a condições adversas, o navio quase afundou. A tripulação ficou em pânico e só não se entregou à própria sorte porque aquela passageira idosa, que jamais havia navegado, começou a repreendê-los, encorajando-os a resistir porque tinha recebido garantias dos céus para chegar a salvo. Isso lhes deu segurança o suficiente para tomar as decisões certas e salvar o navio.

Chegando a Óstia, os três viajantes encontraram uma carruagem que ia em direção à Cisalpina. Demorava dois dias para um cavaleiro muito bom ir de Roma a Milão, ainda beneficiando-se das transmissões dos correios imperiais. A mesma distância com uma equipe de mulas sobrecarregadas de bagagens e passageiros talvez levasse semanas, sobretudo no inverno, quando a neve obstruía as estradas do Apeninos. Estava frio e úmido. A viagem foi desconfortável e muito exaustiva. Os amigos de Agostinho que vieram receber os parentes no porto tinham aconselhado a esperar a primavera, mas Mônica recusou-se a aguardar e, no mês de março, chegou a Milão com Adeodato e a mãe.

Agostinho não esperava pela mãe; talvez ele não a quisesse por lá, mas, novamente, Mônica se impôs. De qualquer forma, não havia como mandá-la de volta, e ela sabia disso. Para atenuar o mal-estar da sua chegada, ela fez questão de contar os detalhes da terrível travessia e salientar os perigos que havia passado para reencontrá-lo; "ela tinha feito uma longa e perigosa viagem", não seria decente o filho reclamar; e ele não reclamou.

É claro que às vezes ela o sufocava, mas ele a amava e sentia-se envergonhado por não corresponder ao inabalável amor materno. Ele a cumprimentou com ternura, pois o remorso da fuga continuava em seu coração, e sua mãe sabia muito bem como fazê-lo sentir-se culpado. Até porque, naquela ocasião, ela soube ser indispensável.

Desde o princípio, Mônica fez a sua pobre nora desempenhar o único papel que ela podia cumprir: acalmar os ardores amorosos de Agostinho. Quanto ao resto, cuidou de tudo: desde a educação de Adeodato até a organização das tarefas da vida cotidiana, das quais ela dispensou seu filho e os amigos. Por conhecer Alípio desde criança, sabia lidar com ele. Já Nebrídio sofria com a ausência da mãe, e Mônica soube assumir essa figura materna.

Ela assumiu a vida nova com uma facilidade desconcertante. A viúva de um modesto fidalgo de uma cidade provinciana, sem nobreza nem fortuna, cheia de hábitos e costumes estranhos à alta sociedade milanesa que seu filho frequentava, conseguia não parecer totalmente ridícula naquele meio. Era discreta. Às vezes sorria, e assim conseguiu deixar sua marca, principalmente nas famílias mais elegantes em que tentava arrumar um casamento para Agostinho.

Provavelmente ela deveria falar com um sotaque africano acentuado; talvez expressasse seus sentimentos de uma forma tão exuberante que deixava os milaneses atônitos; mas tinha recebido uma educação perfeita, e isso fez com que fosse aceita em todos os lugares. Além disso, sua inteligência permitiu-lhe tirar proveito de cada situação. Não demorou para que seu filho fosse estimado nas altas rodas; não demorou para que Mônica se introduzisse naquele ambiente restrito. Sem contar que sua piedade e sua devoção inspiraram o respeito do bispo Ambrósio, e isso a ajudou muito.

Aconselhado por Símaco, Agostinho havia solicitado uma audiência com Ambrósio em janeiro de 385. Interessava-lhe mais o Ambrósio conselheiro imperial e grande orador do que a sua alta dignidade eclesiástica como bispo de Milão.

Naquela época, Agostinho vivia um impasse espiritual. Ainda em sua breve passagem por Roma, ele já havia abandonado a fé maniqueísta, mas isso não o havia levado ao catolicismo. Com muita leitura filosófica ele acabou caindo no ceticismo.[4] Não esperava nada de Ambrósio em relação às coisas espirituais. A relação entre eles havia tomado outro rumo.

O pobre Patrício era desprezado pelo filho, e nunca foi capaz de cumprir o papel de pai na vida de Agostinho. Quando ele morreu, o menino procurou outros modelos paternos, mas não encontrou. Sua inteligência excessiva o condenou a olhar com desprezo para os que estavam a seu redor, pois ninguém estava à altura dele. Com Ambrósio, porém, tudo era diferente. Pela primeira vez ele havia encontrado um homem mais velho que admirava o bastante para respeitar.

Benevolente por natureza, o bispo o acolheu paternalmente,[5] mesmo sabendo das crenças equivocadas que ele defendia. Indagou Agostinho sobre suas preocupações, dificuldades e esperanças, e o encorajou a voltar a vê-lo quando quisesse. Agostinho, que andava isolado e triste, encontrou um verdadeiro conforto e aproveitou o convite, pois estava "pronto para o Amor". Sob o pretexto de conhecer a eloquência do bispo, passou a frequentar a Basílica de Pórcia, onde ele pregava. Ambrósio era um orador clássico, amante dos versos ciceronianos, mas

---

[4] Ibidem, V, XIII-XV.

[5] Ibidem, V, XIII, 23.

desprezava os ornamentos porque se preocupava mais com a verdade que ensinava da forma exata como se expressava. Agostinho, que veio para conhecer o estilo do orador, não demorou para interessar-se também pelo conteúdo, e ficou surpreso ao descobrir que a fé católica, que considerava absurda, fazia sentido quando explicada por um professor erudito. Isso ainda não tinha sido o suficiente para torná-lo um cristão, mas era um progresso real.

Mônica percebeu que a melhor chance de converter Agostinho, depois de ele ter escapado dos engodos maniqueístas, estava em Ambrósio. Assim, começou o cerco ao bispo.

Sobrecarregado de preocupações e responsabilidades, tanto religiosas quanto civis, Ambrósio era um homem requisitado, cuja antessala nunca estava vazia, por isso fazia tempo que tinha renunciado ao descanso. Agostinho lamentava por raramente ter uma oportunidade para discutir com Ambrósio as questões complexas para as quais, fervorosamente, buscava respostas.[6] Já Mônica, por outro lado, sempre conseguia esgueirar-se até o bispo para explicar-lhe seus incômodos, que se resumia ao retorno do filho para Deus. Era uma mulher obstinada, que lembrava a viúva inoportuna do evangelho, capaz de ir, na calada da noite, reivindicar justiça ao juiz desonesto.[7] Ela não era daquelas que são facilmente despachadas, e Ambrósio logo percebeu. Poderia ter se livrado dela com uma palavra dura, assim como o bispo de Madaure, dizendo que ela o estava importunando. Se não o fez, devia ser porque tinha compaixão e admiração por ela. Compaixão porque mediu suas ansiedades, seus remorsos, seus sofrimentos que passou na aventura

---

6 Ibidem, VI, III, 3.

7 Cf. Lc 18,1-8.

da salvação de seu filho; e admiração pela determinação com que lutou para salvá-lo.

É verdade que a mãe de Agostinho tinha alguns lados furiosos, mas era uma mulher de fé e de oração, convencida de que acabaria sendo atendida, e fazia o que fosse necessário para isso. Em Milão, Mônica havia retomado os seus hábitos de piedade: assistia à Missa e comungava todos os dias, era assídua aos preceitos, passava grande parte do dia em oração nas igrejas da cidade, dava esmolas regularmente e fazia jejum várias vezes por semana, nos dias prescritos pela Igreja africana. Ainda que não tivesse familiares nos cemitérios da cidade, ela o visitava quase diariamente, como fazia em Tagaste, para as libações rituais nas sepulturas. Especificamente nisto, no entanto, ela ignorava que a Igreja na Itália havia proibido essa prática, resquícios dos Parentais pagãos, a festa dos mortos no antigo calendário romano.[8] Ambrósio era ainda mais rígido nesse ponto, porque essas libações também tornavam-se pretextos para os bêbados embriagarem-se nos cemitérios.

O porteiro da necrópole milanesa, espantado com as visitas daquela estrangeira que carregava uma cesta cheia de alimentos, encaminhou o problema para o bispo, que deu ordem para que explicasse os costumes locais para aquela mulher e a proibisse de entrar no cemitério com todos aqueles alimentos.

Mônica não sabia que estava fazendo algo errado. Desde a infância tinha o hábito de participar desses rituais, que consistia em se reunir nas capelas funerárias e, ao redor de uma mesa farta, partilhar simbolicamente comida e bebida com os defuntos. Os bispos africanos jamais

---

[8] Que eram celebradas em fevereiro.

proibiram esses rituais, por isso ela ficou muito surpresa com a ordem de Ambrósio. Mas como ela o respeitava e gostava muito dele, obedeceu com total submissão e passou a distribuir aos pobres o dinheiro que gastava com as compras de alimentos que oferecia aos mortos.[9]

Quando soube, Agostinho ficou muito surpreso: "dificilmente minha mãe teria aceitado a proibição se tivesse partido de outra pessoa que não fosse o amado Ambrósio".[10] Essa era uma forma de assinalar a teimosia materna, a capacidade que Mônica tinha de fazer apenas o que quisesse, e também sua facilidade de se apegar e ou se afastar das pessoas.

A ligação de Mônica com o bispo era sincera. E compatível com as imensas esperanças que ela depositava nele. Era tanta admiração, já prevendo uma santidade, que ela aceitava todos os conselhos e ações, porque via nele o único capaz de conduzir Agostinho à luz da fé. Ela queria aproximá-los, por isso, implorou para que o filho procurasse Ambrósio para tirar uma dúvida que a incomodava: na África eles jejuavam às sextas e sábados, mas em Milão, jamais aos sábados. Era permitido manter o costume de sua província ou deveria submeter-se ao da diocese?[11] Constrangido, Agostinho aceitou perturbar Ambrósio com algo que considerava inócuo. Mas Mônica havia insistido tanto que ele não teve como evitar.

Já Ambrósio não se iludiu: conhecia o jovem suficientemente para saber que ele estava zombando dos costumes católicos, e que, depois de romper com o maniqueísmo, vinha tendo uma crise aguda de

---

[9] *Confissões*, VI, II, 2.

[10] Ibidem.

[11] *Epístolas*, 36, 32 e 54, 3.

agnosticismo. Ele sabia que Mônica estava por trás dos questionamentos do filho, compreendeu que ela estava procurando pretextos para promover um reencontro com Agostinho, esperando que uma súbita iluminação pudesse surgir de suas conversas. Portanto, Ambrósio fingiu acreditar que aquele questionamento estava, de fato, incomodando Agostinho, e respondeu que em Roma, sua cidade natal, também jejuava-se aos sábados, como na África, e que ele mesmo respeitava o costume quando voltava para lá; mas que em Milão ele seguia os jejuns da Igreja milanesa:

— Siga o costume do local para evitar escândalos!

Depois, para mostrar que sabia o que estava acontecendo, exaltou gentilmente as virtudes cristãs de Mônica, parabenizando Agostinho por ter uma mãe assim. A partir de então, não perdia a oportunidade de, sempre que encontrava o jovem, dizer o quanto admirava sua mãe.[12] Mônica ficou feliz com isso, mas a disposição de Agostinho não mudou. Ainda que ela acreditasse que "o veria católico antes de morrer",[13] isso parecia apenas um desejo piedoso que talvez permanecesse assim. Por isso continuou a rezar, convencida de que suas orações chegariam a Deus, que lhe concederia, pela graça, a conversão de Agostinho. Depois, ela estaria livre para deixar este mundo.

No entanto, Mônica não tinha se desligado totalmente das coisas mundanas que, às vezes, a impediam de avançar no caminho da Jerusalém celeste. Ela voltava a caminhar pelo "arredores da Babilônia", desta vez para retomar um antigo projeto: arrumar um bom casamento para o seu "imperadorzinho".

---

[12] *Confissões*, VI, II, 2.

[13] Ibidem, VI, I, 1.

# IX. A sombra de Ambrósio

Mônica tinha adiado a questão do casamento por medo de arrumar uma rival, mas sabia que tinha chegado a hora de cuidar do problema. Além disso, poderia realizar um sonho antigo: arrancar da vida do filho e do neto a infeliz que era companheira de um e mãe de outro.

Agostinho pensava num belo casamento,[1] conforme as suas grandes ambições. Mas não tinha pressa. A chegada de seu filho e, sobretudo, sua concubina, havia aplacado os seus desejos mais imediatos. É claro que uma jovem humilde como ela não era apresentável socialmente, por isso ele cuidou para que ela não se exibisse em público. No entanto, após quinze anos de convivência, aquela aventura adolescente, na qual ele havia embarcado imprudentemente, tinha se transformado numa

---

[1] *Confissões*, VI, V, 9: "[...] aspirava às honras, à riqueza e ao matrimônio...".

história de amor. Ele havia se apegado a ela e mantivera-se fiel, pelo menos enquanto viviam juntos de forma conjugal. Embora lamentasse suas limitações intelectuais, no fundo ele a amava com muita ternura. Era a sua esposa, e ele cuidava dela como se fosse uma parte essencial de si mesmo. Era por isso que Mônica a odiava...

Quanto a Adeodato, beirando a adolescência, tinha se tornado o filho que todo pai sonha: bonito, inteligente, sensível a ponto de fazer Agostinho estremecer de orgulho. Ele não precisava de mais filhos, pois já tinha um que o realizava além de seus desejos, e sentia-se feliz nessa situação, por isso, mudá-la não lhe parecia uma emergência.

Mas sua mãe não pensava assim, e ficava importunando-o — a sua especialidade — com planos nebulosos. Agostinho não sabia opor-se a ela, mas teve uma ideia astuta que colocou Mônica numa situação que parecia insolúvel: pediu um sinal do céu sobre o assunto, para ser esclarecido quanto a um dos sonhos que a mãe dizia ser profético e decidir quanto ao "seu próximo casamento".[2]

Agostinho confiava na oniromancia cristã de sua mãe? Logo ele, que, naquela época, estava convencido de não acreditar mais em nada? Ou era só uma maneira que havia encontrado, certo de que o sonho não viria, para dissuadi-la da ideia do casamento? Importante mesmo era adiar o prazo, que durava apenas a metade do que gostaria. Mônica levou a sério essa "missão" e todos os dias, a pedido de Agostinho, "suplicava ardentemente para que Deus lhe revelasse, através de uma visão, algo sobre o futuro casamento" do filho.[3] Curiosamente, para a discreta alegria de Agostinho, o céu calou-se e nenhuma imagem noturna

---

[2] Ibidem, VI, XIII, 23.

[3] Cf. Ibidem.

revelou à sua mãe como seria sua nora, de que família ela viria, onde deveria procurá-la, ou quantos netos lhe daria...

Na ausência de sonhos, Mônica chegou a alegar ter tido uma visão verdadeira, que, do ponto de vista místico, era muito perigosa, pois Deus não existe para revelar o futuro a suas criaturas sob o pretexto de não ajudá-las a satisfazer suas ambições profanas. Aqui novamente ela deparou-se com o silêncio divino e, com muito esforço, acabou sendo honesta e admitiu que aquilo que julgava ter visto era apenas fruto de sua imaginação.

Agostinho sorriu, sem medir muito as consequências da confissão que Mônica tinha feito em poucas palavras. Afinal, se ela tinha discernimento o suficiente para distinguir um verdadeiro fenômeno místico, uma visão autêntica, de um devaneio, fruto de uma imaginação superexcitada, é sinal de que estava familiarizada com essas coisas...

Mônica ainda se mantinha apegada aos sucessos e desejos materiais. Porém isso não a impediu, através de uma vida de oração sólida e constante, de avançar nos caminhos do Senhor. É claro que ela ainda não estava totalmente purificada, ainda estava longe da santidade, mas havia uma obra sendo realizada em sua alma; ela progredia na via contemplativa, tinha suas "consolações", experimentou alguma coisa da bondade, do amor, da beleza e da grandeza de Deus. Ela provavelmente não sabia explicar em que consistia, e isso não era algo surpreendente, uma vez que essas experiências eram essencialmente inefáveis. Mas sabia o suficiente desses mistérios para não confundi-los com as meras imaginações produzidas por seu intelecto. Mônica também tinha um profundo respeito por esses dons, o bastante para não se deixar enganar sobre eles.

Após algum tempo ela confessou a Agostinho que não via nada, não entendia nada e desistiu de esperar um sinal que o céu não queria lhe enviar. Um dia ela descobriria o porquê. Agostinho respirou aliviado. Estava subestimando a mãe ao pensar que ela iria desistir de seus planos somente porque não tinha recebido nenhuma revelação sobrenatural. Como não havia obtido a resposta divina, ela tentaria encontrar sozinha uma esposa perfeita, como o filho merecia.

Alguns meses foram suficientes para Mônica integrar-se à sociedade católica de Milão. Ambrósio tinha simpatia por ela, e isso foi uma grande ajuda, assim como o sucesso de seu filho. É claro que Agostinho ainda não tinha sido batizado, mas, como sua mãe sempre dizia, ele era um catecúmeno desde o nascimento, registrado nos arquivos da Igreja de Tagaste. Era normal que, aos 30 anos de idade, ele ainda não tivesse se decidido. E todos achavam que, mais dia menos dia, ele daria esse passo, fosse por convicção ou por oportunismo. Ela preservou-se de mencionar as dúvidas que o atormentavam e impediam a sua conversão. Era um bom partido cristão que ela colocava, pelo menos para o futuro, no mercado matrimonial da alta sociedade milanesa. No entanto, obteve somente um retorno moderado. Provavelmente visava um alvo bem mais alto e, no seu orgulho materno, percebeu que, para aqueles aristocratas italianos, seu filho era apenas um *homo novus*, sem antepassados nem prestígio, sem fortuna nem sobrenome, um mero provinciano de sucesso que devia tudo aos seus próprios talentos – paradoxalmente, isso não parecia algo notável.

Em algum momento do verão de 385, porém, seis meses após sua chegada a Milão, ela encontrou uma família católica muito rica com uma filha para se casar. A menina era muito bonita, mas ainda era preciso esperar dois anos para ela atingir a idade legal para o casamento, o que não lhe pareceu um empecilho. Como "era do agrado de todos, ia-se esperando".[4] Ela via na pretendente todas as vantagens: além de ter nascido numa boa família rica, que gerava uma indispensável rede de relações familiares e sociais, sua juventude garantia tempo de sobra para que Mônica pudesse moldá-la segundo o seu ideal de esposa.

O entusiasmo de Agostinho foi mais moderado. Ele tinha preferência por mulheres maduras. Então, só via uma vantagem nessa proposta de casamento: o tempo imposto para realizá-lo. Ganhara pelo menos dois anos, nos quais muita coisa poderia acontecer, para continuar compartilhando a cama com sua mulher, mesmo não tendo casado com ela com a solenidade desejada.[5]

Mônica sabia que, se deixasse o filho viver com a mulher com quem parecia ter se apegado, sempre encontraria uma desculpa para não se abrir para outra união. Só havia uma maneira de resolver o problema, e ela não hesitou em executá-la de maneira cruel, com frieza e, sobretudo, eficácia.

O que ela fez? Magoado e profundamente inconsolável,[6] Agostinho não diria isso, mas a verdade é que certa noite ele não encontrou em casa a sua "companheira de cama habitual". Soube então com a mãe, satisfeita com a grande jogada que acabara de realizar, que a jovem tinha partido para a África.

---

[4] Ibidem.

[5] No seu tratado *De bono conjugali* (Sobre um bom casamento), V, 5, ele escreveu que a Igreja pode tomar por legítima uma união constante, duradoura e fiel, do tipo que ele havia contraído e vivido.

[6] Cf. *Confissões*, VI, XV, 25.

Ainda havia tempo para encontrá-la e trazê-la de volta, evitando uma separação sobre a qual escreveria, anos depois, que seu "coração ficou dilacerado, profundamente ferido e sangrou por muito tempo",[7] mas ele não teve coragem de ir buscá-la. Sentia-se fraco diante da mãe, porque não era capaz de impor suas opiniões, exceto quando fugia.

Mônica tinha planejado, calculado e jogado com a piedade sincera daquela jovem menina, e também com o amor que ela nutria por Agostinho, a fim de convencê-la a ir embora, pelo bem e interesse das duas pessoas que ela amava: o marido e o filho. A própria Mônica organizou e pagou a viagem, e para evitar qualquer escândalo, ou que Adeodato um dia pudesse sofrer com uma lamentável nova união da mãe, ou mesmo com meios-irmãos e irmãs inconvenientes, ela convenceu a mulher abandonada a se retirar numa comunidade e tornar-se religiosa. A infeliz havia consentido, não tentou defender-se nem implorar pela piedade do homem a quem ela se entregara há dezesseis anos. Ela foi embora sem reclamar. Pior: Mônica tinha arrancado o filho dela, declarando que, obviamente, Adeodato ficaria com o pai. Não havia qualquer possibilidade de atrapalhar o seu futuro promissor, separando-o do brilhantismo do pai.

É preciso dizer que foi algo deplorável. Porém, em sua defesa, temos de considerar que Mônica não sabia. Porque ela se achava no direito e, legalmente, ela de fato tinha esse direito. Agostinho podia, ao tornar-se bispo e consciência da Igreja, afirmar que sua união, diante de Deus, tinha existido, mas os juristas romanos não consideravam tratar-se de um casamento verdadeiro. Todos sabiam que esses concubinatos

---

[7] Ibidem.

juvenis não eram para durar; e, mesmo que durassem, não justificava nenhum processo em favor da mulher e sua prole, caso o homem decidisse partir. *Dura lex, sed lex...*[8]

Enfim, Mônica achou que, por estar de acordo com a lei humana, também estaria com a lei de Deus, além de cumprir o seu dever de mãe e cristã, pondo fim ao concubinato do filho. Dessa forma estaria ajudando a regularizar a situação conjugal de Agostinho e a assegurar sua salvação, pois era um pecador que teria toda a oportunidade e tempo para lamentar seus erros de juventude: ela se sentia muito generosa em dar-lhe essa chance.

A tristeza de Agostinho, que ele não tentou esconder, parecia extravagante para a mãe. Por isso, ela o repreendeu como se faz com uma criança, fazendo-o vislumbrar o sublime casamento que o esperava, e a vantagem que ele tiraria disso em três ou quatro anos...

Para Agostinho era demais. Por respeito a sua mãe, que odiava palavras grosseiras e obscenidades, e por confundir modéstia cristã com pudicícia,[9] não ousou dizer-lhe com franqueza que precisava de uma mulher na cama imediatamente, e não daqui a três ou quatro anos. Mas, para espanto de Alípio, que não era de surpreender-se com qualquer coisa, Agostinho voltou para casa em companhia de uma mulher que ninguém sabia de onde havia saído, e fez dela a sua nova concubina.

Para Agostinho, a castidade, como defendida pelos estoicos, cristãos e maniqueus, era insustentável e absurda. Ele amava o prazer e a ideia de continência o repelia. Talvez por isso tenha se revoltado e protestado contra o envio de sua mulher para a África, e resolveu se vingar

---

[8] "A lei é dura, mas é a lei". (N.T.)

[9] *De Ordine*, I, 22.

escolhendo uma libertina inculta e indiscreta, apenas para escandalizar sua mãe e seus amigos – pois ele suspeitava que teriam ajudado na trama contra ele. É verdade que, mais tarde, chegaria o momento em que ele condenaria a si mesmo por ter abusado tanto da amante fugaz que havia arrumado, quanto da jovem noiva que ainda não conhecia, e se autodenominaria adúltero.[10] Naquele momento, no entanto, ele estava apenas "afogando-se no abismo dos amores carnais".[11]

Mônica estava muito ressentida, mas não queria demonstrar. A moça que Agostinho havia colocado na cama não tinha nada a oferecer, senão sua beleza e juventude. Ele não a amava e nunca a amaria, por isso não seria um perigo nem uma rival. Assim, Mônica deixou passar, com desprezo e compreensão, afinal, via os homens como animais que se tornavam escravos de seus baixos instintos. Somente o batismo poderia arrancar-lhes esses apetites sórdidos. Ela dizia a Agostinho que a castidade seguia o sacramento. Sim, é claro que não era a melhor maneira de trazer para o sacramento um homem de 31 anos que acreditava ser incapaz de viver sem mulheres...

A vida retomou o seu curso. O mesmo navio que havia levado a mãe de Adeodato para Cartago retornou a Óstia com Navígio e dois primos que vinham aproveitar a ascensão social de Agostinho. Se tudo corresse bem, iriam trazer as famílias. Estava claro que a mudança para Milão estava destinada a durar.

Visando o sucesso de seus planos e os de seu querido filho, Mônica acabou não percebendo o estado deplorável de Agostinho. Ele nunca estivera tão mal. A partida de sua mulher abriu uma ferida em seu

---

[10] *De bono coniugali*, V, 5.

[11] *Confissões*, VI, XVI, 26.

coração que "sangrou por muito tempo". E ele ainda escreveu: "depois do momento de dor mais aguda, a ferida ainda sangrava e me fazia sofrer, talvez de forma menos dolorida, mas com maior desesperança de cura".[12]

Ele estava com raiva do mundo – e de sua mãe, ainda mais. Mas também de si próprio, afinal, por fraqueza, não tinha sido capaz de defender uma felicidade cujo verdadeiro valor ainda não tinha percebido. A esse desgosto íntimo e ao que parecia incurável, acrescentou-se uma autoaversão que o levou a afundar-se numa repugnante devassidão.

Agostinho começou a encarar os seus sucessos profissionais com horror. Via seus alunos com aflição, numa espécie de espelho impiedoso que refletia os próprios vícios. Como ele poderia conduzir aqueles meninos pelo caminho sem saída que ele mesmo havia entrado? Por que lhes prometia felicidade e sabedoria, coisas que não eram conquistadas apenas com o conhecimento da bela linguagem e com as bajulações corteses que fingia ensinar? O que ele era senão um "mercador de palavras" enganosas?

Totalmente desanimado, Agostinho percebeu que havia esgotado todos os recursos de que dispunha. Nem os grandes filósofos, a quem ele recorreu durante meses, tinham respostas para as suas questões. Ele também não podia fugir eternamente, de cidade em cidade, na ilusão de que encontraria o que procurava em outro lugar. Começou a compreender que o que ele buscava estava dentro dele, não fora. Mas onde deveria procurar? O único vislumbre que ainda sinalizava era algo que ele não ousava dizer, mas começava a admitir: a fé católica. Ouvindo Ambrósio

---

[12] Ibidem, VI, XV, 25.

falar – e ele continuou a ouvi-lo –, começou a reconhecer que não tinha entendido nada do Evangelho ou das crenças de sua mãe. Tinha sido mal instruído, mal informado, mal orientado por pessoas incultas que não conseguiam acompanhá-lo nas suas especulações intelectuais e, por causa de um orgulho juvenil, em vez de admitir sua ignorância e incompreensão, achou melhor rejeitar aquilo que desconhecia. Talvez ainda houvesse tempo para instruir-se, para tentar compreender, mas como? Ambrósio, o único em quem ele confiava, não tinha tempo para dedicar-se aos questionamentos teológicos de Agostinho, pois andava ocupado demais com os conflitos com a imperatriz Justina, que queria obrigar os católicos milaneses a cederem suas basílicas, que, outrora, lhes tinham sido confiscadas pelos arianos.

É claro que, naquela época, não faltavam tratados sobre os temas que Agostinho procurava conhecer, mas ele não sabia por onde começar e, escaldado por suas tentativas anteriores, não queria correr o risco de desviar-se novamente. Ele se sentia perdido – e estava realmente sem rumo.

Desta vez, nem mesmo sua mãe poderia ajudar. Junto com todos os católicos de Milão, Mônica também tinha entrado na guerra contra a imperatriz, em março de 386, atendendo ao chamado de Ambrósio para que todos os fiéis se trancassem na Basílica de Pórtia,[13] pois as autoridades pretendiam entregá-la aos hereges. Se Justina quisesse tomar posse do santuário, teria de recorrer à força militar para expulsar os fiéis, entre eles mulheres, idosos e crianças. É verdade que ela era bem capaz de fazer isso, ainda que significasse causar a morte de muitos inocentes.

---

[13] Hoje é a Basílica de São Lourenço de Milão.

Essa queda de braço, que já durava mais de um ano, havia tomado proporções extremas na Quaresma de 386. Justina exigia que seus partidários tivessem uma igreja para celebrar um culto antes da Páscoa. Ela exigia Pórtia, que estava localizada no subúrbio de Milão, mas Ambrósio recusou. Então, exigiu a basílica nova, que ficava bem no centro, e encontrou uma nova recusa do bispo, que jamais cedia quando as coisas de Deus estavam em jogo. Justina determinou, com um decreto feito sob medida, que a recusa do bispo era algo comparado a uma rebelião, que poderia justificar a pena de morte se o bispo não entregasse Pórtia. Foi em vão, pois Ambrósio não temia o martírio e, além disso, sabia que era intocável.

No dia 29 de março, num Domingo de Ramos, anunciaram que as tropas estavam prestes a invadir Pórtia e expulsar o bispo que havia iniciado um motim. Na noite da quinta-feira santa, 2 de abril, Ambrósio trancou-se no santuário onde inúmeros fiéis juntaram-se a ele, enquanto outros ocupavam a nova basílica. Decretava, então, a excomunhão de qualquer um que ousasse atacar o lugar sagrado e os que lá se encontravam em resistência. Este anúncio desencorajou os soldados, na maioria católicos, diante do dilema em terem de servir a interesses contraditórios.

Violar um lugar sagrado em pleno Tríduo Pascal, talvez até derramar sangue inocente e dar mártires ao catolicismo era um risco político muito grande. Ambrósio apostou que Justina não correria esse risco, mas ele também corria o risco de estar subestimando as reações de uma mulher enfurecida, simplesmente pelo desafio de um homem que ousava enfrentá-la constantemente. Nesse caso, poderia haver um banho de sangue. E o povo milanês não ignorava nada disso. Todos sabiam que ficar do lado de Ambrósio era expor-se à morte.

Mônica correu esse risco sem hesitar. Ela pertencia a uma geração que cresceu com a memória dos mártires ainda muito viva, e sabia que a devoção a Deus poderia ter um preço muito alto. Sua afeição a Ambrósio, e sua gratidão por ele ter orientado Agostinho a procurar talvez a única pessoa que poderia compreendê-lo, ajudá-lo e esclarecê-lo em suas dúvidas, fez o resto. O bispo não tinha como ocupar-se do jovem inquieto e brilhante, mas não ignorava a luta decisiva que ocorria em sua alma, por isso sugeriu que ele procurasse o padre Simpliciano, que estaria aberto a seus questionamentos.

Já velho, Simpliciano escondia, sob a aparência modesta, uma vasta cultura religiosa e filosófica, que havia convertido a Cristo um famoso universitário pagão que era muito hostil à Igreja: o retórico Mário Vitorino.[14] Essa conversão, que o próprio Vitorino fez questão de tornar pública para reparar os insultos que havia proferido contra a Igreja, fez de Simpliciano uma referência para a evangelização no ambiente intelectual. Se alguém podia esclarecer as dúvidas de Agostinho, essa pessoa era o velho Simpliciano. Ambrósio sabia disso porque devia a ele sua formação teológica,[15] por isso o recomendou, com confiança, a Agostinho.

Os primeiros encontros de Agostinho com Simpliciano ocorreram no final do inverno de 386. Trataram de difíceis questões filosóficas. Agostinho não tinha ideia de como resumir essas conversas para a mãe, pois achava que tinham um nível alto demais para ela compreender. Mas

---

[14] *Confissões*, VIII, IV, 9.

[15] Ambrósio foi batizado, ordenado sacerdote e sagrado bispo em três dias por necessidade política, enquanto era governador de Milão. Embora nascido em família católica, a sua formação religiosa deixou muito a desejar, por isso, nas suas próprias palavras, teve de "ensinar o que não tinha aprendido".

Mônica, cega para os sentimentos íntimos do filho, não deixava de ver o seu progresso espiritual. Ela não sabia que a partida da jovem esposa havia dilacerado o coração do filho, não queria admitir que ele estivesse com raiva, nem imaginava que ele já não tinha mais vontade de dar aulas; ela conseguia sentir que aos poucos, porém, se formava nele uma certa luz, e que Agostinho movia-se, tateando, em direção àquela verdade que achava ser complicada demais, embora fosse muito simples.

Isto bastou para deixá-la feliz e otimista. Estava certa de que suas orações não tinham sido em vão e seriam atendidas em breve: veria Agostinho católico, casado, rico e famoso. Assim ela seria uma mãe realizada neste e no outro mundo; e devia tudo a Ambrósio! Por isso ela não hesitou em apoiá-lo no confronto contra a imperatriz, mesmo com todos os riscos. Juntou-se com outros fiéis muito entusiasmados, que se trancaram com o bispo na Basílica de Pórtia.

Agostinho não quis acompanhá-la. Não seria muito inteligente desviar-se da sua função para incorporar a causa dos opositores de Valentiano II e Justina. Sua alma "ainda fraca" compadecia-se "da consternação do povo",[16] sem participar.

Mônica não parecia aborrecida com a ausência do filho: ela também achava que a carreira dele não deveria ser comprometida. Acreditava que a presença dela era suficiente, sendo "uma das primeiras nas vigílias, e passando horas em orações".[17]

Depois de um tempo, o entusiasmo da ocupação de Pórtia foi diminuindo e o clima foi ficando mais pesado. Inspirado pelas palavras de fogo e na determinação de Ambrósio, o povo havia se lançado naquela

---

[16] Cf. *Confissões*, IX, VII, 15.

[17] Ibidem.

aventura sem medir as consequências. Assim que caiu a noite, com as portas fechadas, a escuridão se impunha dentro da basílica e já se podia ouvir o alvoroço das forças do império em torno do santuário. Os soldados confiscavam os alimentos trazidos para os manifestantes e preparavam acampamento. Cresceu a ansiedade pelo dia seguinte, e o moral dos fiéis desabou. Ambrósio percebeu isso, então começou a cantar em voz alta um hino improvisado que proclamava a grandeza de Deus e a salvação prometida aos que lhe servem.[18]

A Igreja Oriental já conhecia o canto litúrgico havia séculos, e a Igreja Romana, da qual Ambrósio vinha, tinha adotado parcialmente o seu uso. Mas em Milão, que se esforçava para manter as próprias tradições, o costume ainda não tinha chegado. A ideia de Ambrósio foi uma pequena revolução que, naquele contexto, obteve o efeito esperado: a multidão respondeu ao coro, retomou a coragem e o medo foi dissipado.

A iniciativa também teve outro efeito: preocupada com a deserção nas tropas enviadas para cercar a Basílica de Pórtia, e temendo que a ameaça de excomunhão levasse vários desses soldados a passar para o lado inimigo, ou seja, juntarem-se a Ambrósio na resistência, Justina decidiu substituir os desertores por soldados arianos da Germânia, homens que odiavam e temiam os católicos. Mas, quando os soldados da guarda ariana ouviram subir um canto de centenas de vozes, entoando uma canção solene, cujas palavras não entendiam, acharam que seriam vítimas de algum feitiço e, em pânico, saíram em debandada.

Só restou a Justina tentar salvar as aparências, fingir-se de benevolente por deixar Ambrósio com a Basílica de Pórtia e outras igrejas que,

---

[18] Ibidem. Nesta parte do capítulo, Agostinho narra a origem do canto ambrosiano.

na verdade, ela não tinha meios para conquistar. O bispo fingiu acreditar na encenação, o cerco chegou ao fim e os católicos celebraram a Páscoa com muito entusiasmo.

Não foi a única ocasião de alegria. Em 17 de julho, enquanto Justina pensava numa vingança contra Ambrósio, ele teve uma revelação quando fazia suas orações. Descobriu o lugar onde os fiéis haviam escondido os corpos de dois mártires milaneses, mortos na perseguição de Diocleciano, no ano 304.[19] Quando a paz foi restaurada, as relíquias dos mártires estavam em local desconhecido, e assim permaneceriam, a menos que, por algum milagre, o céu revelasse a localização. E o milagre tinha acabado de acontecer.

Ambrósio recuperou os corpos, que estavam num dos cemitérios de Milão. Estavam incorruptos, provando a santidade dos mártires. Então, enquanto aguardavam a construção de uma igreja, fizeram o traslado solene dos corpos para a catedral, com grande participação popular. Os possuídos foram libertos, e um cego recobrou a visão após tocar nos caixões. Esse milagre, ocorrido com uma pessoa conhecida, constrangeu Justina ao silêncio, já que até Deus a repudiava, e deixou Mônica em júbilo, apesar do ceticismo de Agostinho. Ele estava aberto para a fé, mas sua abordagem ainda era especulativa, sem conexão com as manifestações de piedade popular. Os encontros com Simpliciano tinham sido benéficos, pois removeram as últimas objeções e o trouxeram para a verdade católica. Mas o que era necessário para fazê-lo entregar-se completamente? Por que ele ainda hesitava?

---

[19] No início da Idade Média, esses mártires anônimos foram batizados como Gervásio e Protásio.

Ele tinha medo. Não da luz que desejava, mas das renúncias que teria de fazer para alcançá-la. Ele tinha pavor da castidade. Se fosse batizado, teria de abrir mão dos prazeres da carne até que o casamento pudesse ser celebrado – e para ele isso era impossível.

Mônica e Simpliciano garantiram-lhe que o sacramento o libertaria dos impulsos carnais. Mas esse era o problema: Agostinho não desejava libertar-se.[20] Confessou numa oração a seu modo: "Senhor, dá-me a castidade, mas não agora!"[21]. E adiou, embora soubesse, a partir daquele momento, que estava errado em adiar indefinidamente a sua conversão.

---

[20] *Confissões*, VIII, VI, 10-12.

[21] Ibidem, VIII, VI, 17.

# X. A entrega

Mônica não se preocupou. Não tinha medido a dor que havia causado ao filho quando mandou a esposa dele embora; não fazia ideia da crise moral e espiritual que Agostinho atravessava e que o estava deixando doente. Para ela, tudo parecia bem: havia aberto o caminho para seu filho, e suas ambições estavam prestes a realizar-se. Um bom casamento daria a Agostinho um futuro maravilhoso; e o batismo, a vida eterna. Mônica estava se sentindo segura, havia entrado num estado de contentamento que a deixou cega para tudo o que não fosse o sucesso de seus planos.

Agostinho, como era habitual, não ousava dizer nada. Mas como ele poderia explicar para a mãe o que sentia? Como explicar o desgosto de pensar o que tinha feito da vida sem partir o coração de Mônica, que havia se sacrificado tanto por tudo aquilo? Então, ele sofreu em silêncio. Mas aquilo o corroía.

No final da primavera de 386, Agostinho foi acometido de laringite, uma doença ocupacional dos "mercadores de palavras", como ele mesmo passou a autodenominar-se com desdém. A doença obrigava-lhe a forçar a voz. Dia após dia, ele se sentia pior: rouquidão, bronquite, falta de ar... no seu estado de abandono, acreditava estar em agonia, imaginava-se condenado.

Desta vez ele teve de sair do "atoleiro" para romper com seus hábitos nocivos. Ele precisava mudar, mas não sabia como. Então foi procurar a resposta em livros: todos diziam-lhe que teria que mudar para tornar-se um homem novo, mas ele não tinha coragem. O que poderia dar-lhe força para arrebentar as correntes? Ele não sabia.

Mas em meados de agosto, quando, exausto, Agostinho arrastava-se todas as manhãs para a faculdade, quase incapaz de dar aulas, tão fraca estava a sua voz, recebeu a visita de um certo Ponticiano, um parente distante que ocupava uma posição de destaque na corte e tinha interesse em Agostinho por solidariedade aos africanos. Ao descobrir que Agostinho estava lendo Paulo, começou a falar do apóstolo, depois lembrou dos grandes sucessos da jovem literatura cristã, *A Vida de Santo Antão*, o eremita, e a obra de Atanásio, Patriarca de Alexandria. Agostinho e Alípio ouviam admirados, pois jamais tinham ouvido falar de Antão, o "pai de todos os monges", do monaquismo, nem do tipo de vida que ele havia inaugurado no deserto da Tebaida, no Egito. Muito menos que esse modo de vida, graças ao exílio de Atanásio, em Trier, sob o reinado de Constâncio II, tivesse prosperado e se espalhado no Ocidente. O próprio Ambrósio tinha recebido monges em Milão.

Quando Ponticiano foi embora, desculpando-se por falar demais, não imaginava o efeito das suas histórias nos dois homens. Mal ele tinha saído e Agostinho, pálido, gritou:

— Você ouviu? Os ignorantes elevam-se e tomam o céu, enquanto nós, com todo o conhecimento insensato, debatemo-nos na carne e no sangue! Será que nos envergonhamos de segui-los no caminho que traçaram, em vez de nos envergonharmos por deixar de segui-los?[1]

Depois de dizer isso, ele ficou andando de um lado para o outro; uma perturbação íntima o revirava. Como um louco, corria pelo jardim, gritando, falando sozinho, chorando. Alípio não sabia o que fazer, testemunhava impotente o auge daquela crise.

Desiludido, Agostinho passou a refletir sobre o exemplo daqueles monges iletrados que se exilaram no deserto para viver em oração, jejum, penitência, apenas com a companhia do Senhor. Desejou com toda a alma por essa vida perfeita. Ouvia um chamado íntimo dizendo que deveria imitá-los o quanto antes, que aquele era o momento da graça esperada, que talvez nunca mais se repetisse se ele não aproveitasse.

Ao mesmo tempo, o "velho homem" carnal revoltou-se contra essa escolha, mostrou-lhe as delícias que pretendia abandonar, que nunca mais as veria, e sussurrou-lhe que não poderia ficar sem elas.[2] Desesperado, ele correu para o final do jardim, desabou diante de uma figueira e começou a chorar. Algo havia se partido em sua alma. E a corrente de lágrimas carregou consigo tudo aquilo que atrapalhava a conversão de Agostinho: a falsa ciência, a vaidade, o orgulho, a adesão às armadilhas

---

[1] Ibidem, VIII, VIII, 19.

[2] Ibidem, VIII, XI, 26.

do mundo e todos os erros que produziam. Entre um soluço e outro, ele repetiu:

— E tu Senhor? Até quando continuarás irritado? Não leves em conta as nossas culpas passadas.[3] Mas quando, Senhor? Quando? Amanhã? Sempre amanhã? Por que não agora? Por que não põe fim agora à minha torpeza?[4]

O problema vinha dele, pecador miserável que não queria mudar. Mas, pela primeira vez na vida, Agostinho viu-se despojado de empáfia mundana, miserável e indigna. Pela primeira vez, admitiu que a solução só poderia vir de Deus e da sua misericórdia. Corações despedaçados e almas contritas obtêm do Senhor as graças necessárias, portanto, a partir de então não era mais indiferente ao tremor da palavra divina; pela primeira vez pôde captar o que Deus estava tentando lhe dizer desde o começo.

No jardim vizinho ele ouviu uma voz infantil que, até então, tinha ignorado. A criança cantarolava palavras absurdas em latim: *Tolle, lege! Tolle, lege!* (Pegue e leia! Pegue e leia!).[5] Agostinho se recompôs. Não estava mais chorando, e seus ouvidos estavam atentos àquele refrão. Tentou lembrar se se referia a alguma rima ou música; teve certeza de que não. No fundo, sabia que eram palavras dirigidas a ele, por isso, voltou para a casa e fez o que Santo Antão havia feito quando procurava seu caminho: "pegou e leu" o Novo Testamento, deparando-se com o evangelho do jovem rico. Mas Agostinho não tinha os Evangelhos, apenas as Cartas Paulinas, que ele estava determinado a ler como lia Plotino – o que o impedia de compreender. Mas ele pegou o livro, abriu-o

---

[3] Cf. Sl 78,5-8

[4] *Confissões*, VIII, XII, 28.

[5] Ibidem, VIII, XII, 29.

aleatoriamente e leu a primeira coisa que veio aos olhos: "Andemos decentemente; não em orgias e bebedeiras, nem em devassidão e libertinagens, nem em rixas nem ciúmes. Mas vesti-vos do Senhor Jesus Cristo e não procureis satisfazer os desejos da carne".[6]

Uma imensa paz o invadiu. Todos os seus medos e incertezas se dissiparam. Alípio revelou que tinha passado pela mesma experiência e, dali em diante, sabia exatamente o que tinha que fazer.

Faltava contar a Mônica. Ele correu para a casa de sua mãe e contou-lhe o sucedido, e a decisão que tinha tomado: entregar-se a Deus. Isso significava abrir mão de sua carreira, casamento, filhos fama e fortuna. Mônica ouviu tudo sem dizer uma só palavra. Ficou em choque quando viu seu filho completamente mudado, convertido. Não era bem o que ela esperava, mas não se importou com isso. Deixou-se levar por uma alegria que ia crescendo minuto a minuto. Sim, Deus tinha acabado de anular todos os seus projetos humanos, mas isso não importava, pois, embora seus planos e previsões estivessem arruinados, havia um projeto muito maior a ser realizado.

Ela queria conciliar tudo, fazer de Agostinho um homem famoso, um pai feliz e um bom cristão. Deus quis fazer dele um santo. Isso era muito melhor do que tudo o que ela havia pedido, chorando e rezando por tantos anos. "Ela exulta, triunfa, bendizendo-te, Senhor, 'que és poderoso além do que pedimos e pensamos'; Ela recebeu muito mais do que pedira com lágrimas e orações. Na verdade, tu me converteste a ti de tal forma que já não mais procurava esposa, nem esperança ou alguma coisa terrena. Sim, permanecia firme naquela fé que há anos

---

[6] Rm 13,13-14.

tu havias revelado a minha mãe em sonho. Transformaste tristeza em alegria. Alegria muito maior do que ela havia desejado, e muito mais preciosa e pura do que ela poderia esperar dos netos nascidos da minha carne",[7] resumiria mais tarde Agostinho.

Deus mudou não apenas o seu coração, mas também o de Mônica. Não tinham mais motivos para ficar em Milão, já que não iriam mais perseguir os sonhos que tinham neste mundo. Assim que possível voltariam para Tagaste, transformariam a casa da família num mosteiro e dividiriam o tempo entre o estudo e a oração. Agostinho se encarregaria de trazer de volta ao catolicismo todos os amigos que ele havia desviado para o maniqueísmo. Ele teria sucesso e juntos passariam dias felizes cantando louvores divinos. Mônica cuidaria de sua pequena comunidade como uma mãe.

Passada a primeira empolgação, eles acordaram desse sonho. Não podiam simplesmente ir embora de um dia para o outro. Agostinho tinha que, formalmente, pedir demissão. Seu problema de laringe lhe daria a desculpa perfeita. Também seria preciso romper o noivado, que por sorte ainda não havia sido oficializado, e preparar a viagem de retorno. Antes de tudo, e ambos tinham certeza disso, era necessário que Agostinho, Adeodato – que insistia nisso – e Alípio fossem batizados. E insistiam para que Ambrósio os batizassem. Como a cerimônia não poderia acontecer antes da Páscoa, em 24 de abril de 387, eles ainda tinham quase dez meses pela frente.

Alípio estava incomodado com algo havia semanas, e achou que era uma boa ocasião para acrescentar mais uma tarefa aos planos: Agostinho tinha de mandar embora a sua concubina. Ele concordou, mas

---

[7] *Confissões*, VIII, XII, 30.

como não tinha coragem para enfrentar a garota, o próprio Alípio encarregou-se da tarefa de tirá-la de casa.

As férias de verão começaram em 22 de agosto. Agostinho advertiu que não voltaria ao seu trabalho em meados de outubro. Ele não queria mais se "vender", e nem ajudar esses alunos a se perderem.

Mas como iria viver e sustentar a família sem o salário? O dinheiro da mãe era escasso, e ele tinha pouco dinheiro guardado. Mas Alípio e Nebrídio eram ricos e colocaram-se à disposição para resolver o problema de dinheiro. Outro amigo, Verecundo, vendo que todos gostariam de se preparar para o batismo em silêncio e oração, ofereceu-lhes sua casa de campo, em Cassicíaco, a quarenta quilômetros da cidade.[8] Lá não se sofria com o forte calor do verão milanês, o ar era bom e a vista dos Alpes e do Monte Rosa, magnífica. O jardim era sempre verde, graças a uma torrente de água que o regava. Então, Agostinho, Adeodato, Mônica e os outros chegaram lá no dia 17 de setembro de 386.

Agostinho estava esgotado. A castidade pesava para ele, sua saúde não se restabelecera; estava cansado, irritado. Debatia com os rapazes e então começava a chorar. Uma dor de dente o torturava, e só passou depois que pediu para a mãe e os amigos rezarem para que o Céu o libertasse. Estava espantado com os poderes da oração.[9]

Mônica acalmava a todos e, com mãos amorosas, tomou conta dessa grande família. Mas, às vezes, lhe causava grande provação. Ela era pudica, muito austera, por isso os rapazes evitavam palavras levianas diante dela. Na verdade, nem era preciso tanto para escandalizá-la. Licêncio, filho de Romaniano, foi testemunha disso. Pois, por culpa de

---

[8] Os estudiosos identificam Cassicíaco com Cassago di Brianza, entre Monza e Lecco.

[9] Ibidem, IX, VI, 12.

Agostinho, eles foram influenciados a se converterem ao maniqueísmo. Para libertá-los, seria preciso um trabalho de longo prazo que Agostinho já havia começado, abrindo um diálogo filosófico com o jovem, o *Contra Acadêmicos*. Mônica ficou muito irritada de ver o menino opor-se a Agostinho com argumentos fracos, e viu nisso sinal de má vontade.

Certa manhã, ao passar em frente ao banheiro, parou horrorizada porque alguém, lá dentro, estava cantando seu salmo favorito enquanto fazia suas necessidades naturais: "Converte-nos, Deus das virtudes". Indignada, ela esperou para ver qual blasfemo iria sair. Era Licêncio, inconsciente da sua "culpa", que ela admoestou com um sermão sobre o respeito com as coisas santas. Ela o deixou envergonhado e foi reclamar para Agostinho, que a deixou expressar sua indignação e respondeu, quando ela perguntou se ele não estava chocado:

— Não, mãe, não estou. Para que rezamos, senão para pedir a Deus que nos purifique da impureza corporal e das trevas dos erros?[10]

Mônica não se atreveu a responder. Mas não lhe faltou oportunidade para a réplica. Ela não temia dar sua opinião para aquele grupo de eruditos que perdiam tempo com rodeios e falatórios, e o seu bom senso às vezes desconcertava, pois ia direto ao ponto e encurtava as discussões inúteis. Todas as tardes eles caminhavam por Cassicíaco, antes de sentarem-se no gramado para observar o pôr do sol e discutir filosofia e teologia. Quando estava frio, preferiam as termas aquecidas. Os fins de tarde e as noites só pareciam longas porque Mônica, olhando os gastos e reclamando do preço exorbitante, "mesmo para os ricos", do óleo para iluminação na Itália, fazia com que as luzes se apagassem mais

[10] *De Ordine*, I, VIII, 23.

cedo.[11] Agostinho sofria com esse excesso de economia que o privava da satisfação que lhe dava ler até tarde da noite, mas não podia culpar a mãe por isso. Afinal, o que teria feito da vida sem ela? Que tipo de homem teria se tornado se não tivesse a seu favor tantas orações e lágrimas que, através da fé, o tiraram da escuridão? Em 13 de novembro, na noite de seu trigésimo segundo aniversário, ele decidiu dizer isso, levantando um brinde em homenagem a ela:

— À nossa mãe, a quem devo tudo o que sou![12]

Todos aplaudiram. Mônica sorriu em silêncio. Nada poderia ser mais bonito. Ela havia renunciado às ambições humanas, ao sucesso que perseguia para o filho, e passou a olhar tudo de uma perspectiva mais elevada, e isso fez com que ela alcançasse uma nova sabedoria que deixou o filho e os amigos muito impressionados.

Na noite do seu aniversário, Agostinho propôs discutir o tema da "vida feliz": o que era a felicidade? Como conquistá-la e mantê-la? Questões filosóficas clássicas, ao alcance de seus alunos, que ele julgava ser de um nível muito baixo, apesar dos esforços. E especialmente de sua mãe, que convidara a juntar-se ao debate. Mônica não esperava por isso. Ainda que todos os dias ela se juntasse às aulas de catecismo, leitura e comentário dos salmos que Agostinho ministrava para o filho e para Alípio na preparação para o batismo,[13] ela não tinha muita intimidade com temas mais complexos, tanto que, um pouco antes, não pôde ajudar Agostinho nas dificuldades que encontrou na leitura do livro de Isaías, recomendado por Ambrósio. Desanimado por achar o

---

[11] Ibidem, I, III, 6.

[12] *De beata vita*, I, 6.

[13] *Confissões*, IX, IV, 8.

livro incompreensível, Agostinho adiou a leitura para quando tivesse aprofundado mais nas palavras do Senhor.[14]

Agostinho também não tinha muita consideração pela inteligência feminina. Porém, no outono, ele se deu conta de que estava errado ao perceber que a mãe compreendia alguns mistérios da fé que ele, com toda sua erudição livresca, não era capaz de desvendar. Quando Mônica falava, ele mal a reconhecia, e ainda suspeitava que uma sabedoria superior estivesse se expressando através dela. "De aspecto feminino e fé varonil, com a serenidade da velhice, ternura maternal e sólida piedade cristã",[15] como privar-se de suas luzes? Ele não era o "discípulo da sua mãe"? E ele queria anunciar isso aquela noite. Encabulada, Mônica fingiu rir, respondendo:

— Você nunca mentiu tanto!

E Deus sabia o quanto Agostinho era mentiroso. Mas de repente ele ficou sério e disse – chamando os amigos como testemunhas:

— Mãe, você não ama a verdade? Então por que não deveria ter um lugar entre nós? Se você amasse a verdade de forma superficial, eu ainda deveria acolher e escutar você. Mas eu sei que você a ama ainda mais do que me ama; também sei o quanto você me ama. Então, nada mais pode separar você da verdade: nem o medo, nem a dor, nem mesmo a morte. E não é essa a coisa mais importante da filosofia? Pois então, como eu poderia hesitar em me declarar seu discípulo?[16] [...] Que outros tenham medo de enfrentar essas coisas difíceis que parecem uma floresta impenetrável, tudo bem. Mas você, minha mãe, jamais terá medo; seu gênio me parece estar renovado a cada dia,

---

[14] Ibidem, IX, V, 13.

[15] Ibidem, IX, IV, 8.

[16] Cf. *De ordine*, I, XI, 32.

e sua alma, pela experiência de vida ou pelo efeito de uma virtude admirável, eleva-se tão alto, muito acima das frivolidades e dos sentidos. Todas essas questões parecerão tão fáceis a você, embora muito difíceis para as mentes limitadas.[17]

Mônica logo animou-se e participou do debate, demonstrando, sem embaraço, que a verdadeira riqueza não se restringia à posse de bens materiais, que um homem rico, desprovido do conhecimento de Deus, permaneceria um indigente até que encontrasse a verdade divina.

Agostinho ficou surpreso, porque sua mãe havia chegado, de forma mais simples e eficaz, à conclusão daquilo que ele iria expor:

— Vejam a diferença entre ter estudado em muitos livros e estar sempre unido a Deus, pois não é nessa união íntima que a alma encontra esses belos pensamentos que admiramos na minha mãe?[18]

Naquela noite de aniversário, a conversa girou em torno da felicidade, ou melhor, da fugacidade que os homens costumam confundir com felicidade. Agostinho havia levado seus discípulos a admitir que, se a felicidade estava no amor de um bem material ou na criatura, o medo de perder o objeto amado, que era inevitavelmente "nulo e perecível", arruinaria a felicidade e, portanto, ela não seria perfeita.

— Aquele que ama as coisas perecíveis jamais será feliz!

Mônica ainda acrescentou:

— Não há dúvida! Mas eu iria mais longe: mesmo que se tivesse a certeza de nunca perdê-las, ainda assim seria infeliz, pois tudo o que é temporário não tem relação com a alma humana; e quanto mais se buscam essas coisas, mais miserável e indigente a pessoa se torna.

---

[17] *De ordine*, II, 17, 45.

[18] *De beata vita*, 27.

— O quê? E se tivesse todas as coisas terrenas em abundância, mas soubesse limitar seus desejos, aprendesse a arte de desfrutá-los com dignidade e moderação, não seria feliz?

— Não, todas as coisas terrenas em abundância jamais farão uma alma feliz.[19]

A conclusão era óbvia: "o único alimento da vida é conhecer e amar a verdade",[20] e essa verdade encontra-se totalmente na Santíssima Trindade. A essas palavras, Mônica exclamou:

— Santíssima Trindade, acolhei as nossas súplicas! Sim, esta é a vida feliz, a felicidade perfeita, para a qual devemos correr com uma fé inabalável, com esperança e caridade ardentes.[21]

Agostinho fechou a noite com essas palavras, que recolocaram sua mãe ao seu verdadeiro e honroso lugar:

— Para que essas orações e votos sejam manifestados com mais fervor, iremos confiá-las a ti, mãe, cujas lágrimas creio firmemente dever a disposição que ora tenho, em não preferir nada além da verdade. Sim, se desejo apenas ela, se a amo acima de tudo, devo isso a ti, mãe. E como poderia duvidar que, tendo obtido para mim a graça de desejar a verdade, tu ainda não tenhas obtido para mim, através das tuas orações, a graça de possuí-las plenamente?[22]

É claro que Mônica não era isenta de defeitos, mas foi ela quem lhe havia dado à luz pela segunda vez.

---

[19] Ibidem, 11.

[20] Ibidem, I, 8.

[21] Ibidem, 35.

[22] *De ordine*, II, 20, 52.

# XI. Partidas

O inverno foi rigoroso em janeiro de 387 na Cisalpina. A maioria dos hóspedes de Cassicíaco havia partido. Só com a mãe, o filho, o irmão e Alípio, os encontros com Agostinho tornaram-se monólogos, e foi um alívio que, na época da Epifania, quando se abriam as inscrições para o batismo, ele tenha voltado a Milão para inscrever-se, junto com Adeodato, na lista de *competentes*.[1] Depois da preparação catequética, os próximos meses seriam gastos numa intensa preparação espiritual, com jejum, penitência, algumas instruções e vários trabalhos de escrita.

Mônica continuou a cuidar da casa e dos que lá viviam. Agostinho, recordando a época que viveram juntos, chegou a dizer que "ela

[1] Aqueles que, depois da preparação, estavam aptos para solicitarem o batismo.

cuidou de todos como se fossem seus próprios filhos".[2] Aquela que era a catequista em Cassicíaco retirou-se para que o próprio Ambrósio se encarregasse de preparar Agostinho e Adeodato para o sacramento. Ela já estava cansada, como se aquele vigor que a sustentara por anos tivesse se esvaído. Havia assumido a missão de trazer Agostinho de volta para o caminho da salvação, da qual ele havia se desviado. O que mais ela tinha para fazer, agora que o filho havia encontrado o caminho de volta para a Igreja? Talvez estivesse agora mais preocupada com Adeodato. O menino tinha 15 anos e, segundo o costume da época, era cedo para ser batizado. Mas ela sabia que Agostinho não teria se perdido se tivesse recebido o batismo quando criança, por isso apoiou o do neto, pois estava convencida de que, apesar da opinião contrária da época, o batismo era o melhor escudo contra o pecado.[3]

Na Páscoa, em abril de 387, Agostinho, Adeodato e Alípio foram "batizados, e desapareceram as preocupações em relação à vida passada deles".[4] Tinham se tornado homens novos. Mônica estava presente no batistério que Ambrósio tinha construído perto da basílica nova,[5] quando à meia-noite, hora em que o Cristo vitorioso sai do túmulo, o bispo derramou a água da regeneração na cabeça de Agostinho. Ela estava lá, na basílica, para a Missa de Páscoa, e depois, ao longo de toda a

---

2 *Confissões*, IX, IX, 22.

3 E o próprio Agostinho viria a escrever sobre a importância do batismo das crianças: *De Genesi ad litteram*, X, 23; 39 *De peccatorum meritis et remissione et de baptismo parvulorum* I, 26, 39; *De Nuptiis et Concupiscentia*, I, XVIII; 20 I, XX, 22; II, XI, 24.

4 *Confissões*, IX, VI, 14.

5 O *Duomo* de Milão foi construído no mesmo local onde se encontrava a Basílica Nova e de Santa Tecla. No seu subterrâneo ainda se conservam os restos arqueológicos dessas construções, assim como o do batistério romano da época de Santo Agostinho.

semana,[6] até que os novos cristãos fossem, enfim, admitidos a participar dos Santos Mistérios.[7] Mônica ficou exultante ao ouvir o filho cantar em voz alta os hinos que Ambrósio escrevera no ano anterior, na época da crise, e ainda mais ao ver que Agostinho, antes reticente, havia aderido à fé com todo o coração.

Portanto, ela poderia partir em paz. A morte aproximava-se, ela sabia, mas não dissera uma palavra para sua família.[8] Sua partida seria sentida pelos dois filhos e também por Adeodato, a quem ela tinha tão brutalmente privado da mãe, e talvez lamentasse um arrependimento doloroso e necessário. Agostinho, às vezes, culpava-se por ter amado sua mulher com um amor muito carnal. Ao perdê-la, tinha compreendido a natureza do vínculo que une uma mãe aos filhos e os filhos à mãe. Ele sofria com isso. Já Mônica esperava que, na perspectiva da felicidade eterna e do reencontro prometido no céu, ele encontrasse uma consolação verdadeira.

Então, sem pressa, fizeram os preparativos para o retorno à África. Foram aconselhados a não partir entre junho e setembro, quando o verão se aproximava de forma implacável pela planície padana.[9] Foi melhor esperar até o outono e embarcar em meados de outubro, num dos

---

6 Em branco, cor das vestimentas que os novos batizados usavam até o domingo posterior.

7 Na celebração antiga, a Missa era dividida em duas partes: *missa dos catecúmenos*, que eram dispensados depois da liturgia da Palavra; e a *missa dos fiéis*, que compreendia a oração do credo, ofertório, a consagração e comunhão, isto é, os santos mistérios, que eram exclusivos aos batizados. (N. T.)

8 *Confissões*, IX, IX, 23.

9 A maior planície da Itália, situada ao Norte do país, e que abrange as regiões da Lombardia, Vêneto, Piemonte e Emilia-Romagna. (N. T.)

navios que ia para a África. Porém, as más notícias vindas da Província de Gales fizeram com que eles se apressassem. Em 383, as legiões da Bretanha se revoltaram sob o comando de Máximo e cruzaram o Canal da Mancha com a intenção de tomar o Império. Na época, o imperador era Graciano, meio-irmão mais velho de Valentiano II, que havia tentado deter, em vão, o exército de Máximo nos arredores de Paris, mas acabou tendo de fugir e, mais tarde, foi capturado e morto.

Uma intervenção de Ambrósio, que havia ameaçado Máximo com a condenação ao Inferno, evitou a invasão da Itália e, assim, permitiu que Justina, sempre tão ingrata ao bispo, salvasse o trono de seu filho, com a condição de que as províncias ocidentais fossem cedidas a Máximo. O acordo foi mantido por quatro anos, mas, naquele verão de 387, quando Agostinho pensava em viajar, Máximo cruzou os Alpes, apesar das advertências de Ambrósio, que lhe assegurava que, com aquelas atitudes, ele teria um fim miserável. Portanto, prevendo que, depois da confusão instalada, seria difícil encontrar uma maneira de viajar, afinal, os navios evitavam os portos dos países que estavam em guerra, Agostinho antecipou a viagem da família.

Conseguiram partir no fim de agosto. Estava muito quente, o que tornou a viagem infernal. Mônica estava exausta. Em setembro chegaram a Óstia, perto da foz do Rio Tibre.[10] Muitos dos comerciantes africanos que transportavam mercadorias entre a África e a Itália tinham armazéns e belas casas, onde acolhiam seus compatriotas que estavam de passagem. Agostinho usou de seus contatos para instalar a família numa dessas casas.

Não havia mais como continuar a viagem. Todos estavam exaustos, e Mônica provavelmente seria incapaz de suportar a travessia. Como

---

[10] *Confissões*, IX, IX, 23.

Máximo não parecia ameaçar Roma, eles tiveram algum tempo para descansar antes de seguirem. Mônica já tinha um semblante melhor depois de alguns dias de descanso; sua primeira preocupação foi correr para a igreja mais próxima. Ali também tinha muitos cristãos africanos, e ela logo se juntou à comunidade e fez amizades entre as viúvas. Seus filhos já não precisavam mais se preocupar.

Ela teve o cuidado de não desiludi-los. No entanto, o pressentimento de sua morte iminente transformou-se em certeza: ela sabia que não teria a chance de rever Tagaste; e que seria ali, naquela cidade estrangeira, que ela completaria a sua peregrinação terrena. Era onde ela descansaria até a ressurreição da carne. Não seria enterrada ao lado de Patrício, aquele marido impossível que seus longos anos de viuvez haviam idealizado, no cemitério que ela gostava tanto de ir. Nem seus filhos nem seus netos jamais visitariam seu túmulo. Logo, ninguém mais se lembraria daquela estranha enterrada ali. Antes, ela via tal perspectiva com horror, mas naquele momento não dava mais importância para essas meras convenções sociais. Mas o que ela realmente queria quando atormentou os filhos com o desejo irrevogável de descansar perto do marido? Assegurar à posteridade que tinham formado um casal modelo, "que haviam vivido em perfeita harmonia?". Qual o propósito do epitáfio que ela havia escolhido para si mesma e tinha pedido aos filhos que anotassem: "após a longa peregrinação para além dos mares, foi-lhe concedida a graça de serem cobertos com a mesma terra".[11] Seria um capricho mundano, tolices indignas para uma pessoa como ela. Mas será que os filhos compreendiam?

---

[11] Ibidem, IX, IX, 28.

Certo dia, quando Agostinho estava com a mente cheia de pensamentos dos mais elevados sobre a natureza da Santíssima Trindade, foi dar um passeio na praia e avistou uma criança tentando esvaziar o mar com uma concha. Com seu tom de professor, dirigiu-se ao menino para explicar-lhe a inutilidade daquela tentativa de colocar todo o oceano dentro de uma concha. Com uma voz angelical, a criança respondeu: "Seria mais fácil isto, do que trazer o incompreensível oceano da Santíssima Trindade para dentro da sua cabeça". Nesse mesmo dia, Mônica aproveitou a visita de alguns dos amigos do filho para lhes comunicar seus últimos desejos. Ela tinha conduzido a conversa para falar sobre o "desprezo desta vida e o benefício da morte", e falava sobre isso com tanta sabedoria que os rapazes "ficaram maravilhados diante da coragem daquela mulher";[12] um deles chegou a perguntar se "não tinha medo de deixar seu corpo tão longe de sua cidade natal". Ela sorriu e respondeu: "Para Deus nada é longe; não há motivos para temer, pois no fim dos séculos Ele saberá reconhecer o lugar onde me ressuscitará".[13] Todos tinham concordado com sua sabedoria, mas ninguém ousou relatar essa conversa a Agostinho, seja porque não quiseram incomodá-lo, seja porque não haviam dado muita atenção.

Portanto, Mônica estava decidida a se preparar para a inevitável separação. Deve ter sido em meados de outubro.[14] Eles estavam sozinhos, debruçados numa janela com vista para o jardim, e conversavam

---

[12] Ibidem.

[13] Ibidem.

[14] Agostinho não informa nem a data da morte da mãe nem a da "dupla contemplação" que ele diz ter ocorrido "ao aproximar-se do dia em que ela deixaria esta vida" – *Confissões*, IX, X, 23.

"num tom agradável". Mônica levou a conversa para uma questão que ultrapassa a compreensão humana: "qual seria a vida eterna dos santos, aquela que 'os olhos não veem, os ouvidos não ouvem e o coração do homem não percebe'?".[15]

Após uma longa conversa, eles concluíram que "que o prazer dos sentidos carnais, por maior que seja e por mais brilhante que possa parecer, não é digno de ser comparado com a bem-aventurança da vida eterna".[16] A capacidade racional de ambos não podiam levá-los para além desse conhecimento quando, de repente, o Espírito iluminou-os de tal modo que, juntos, alcançaram os patamares que sempre desejaram: "Elevando-nos com um coração mais ardente para o próprio Bem, percorremos gradualmente todos os seres corpóreos até o próprio céu, de onde o Sol, a Lua e as estrelas iluminam a Terra. E subíamos cada vez mais no interior de nós mesmos, meditando, glorificando e admirando as suas obras. Chegando, assim, no íntimo de nossa alma, fomos além dela para atingirmos a região de inesgotável abundância, onde se alimenta eternamente Israel com o alimento da verdade, e onde a vida é a própria Sabedoria pela qual todas as coisas que existem, existiram e hão de existir foram criadas, pois a Sabedoria não é criada, mas existe como sempre existiu e como sempre há de existir. [...] Tal como chegamos a experimentar, atingindo num relance a Sabedoria eterna que permanece imutável e para além de toda a realidade".[17]

Não foi um êxtase num sentido exato. Eles não se inundaram em Deus a ponto de perderem os sentidos, pois continuaram

---

[15] Ibidem. Citando 1Cor 2,9.

[16] Ibidem, IX, X, 24.

[17] Ibidem, IX, X, 24-25.

a conversar sobre as prodigiosas luzes que os iluminavam. Era, de fato, um conhecimento intelectual extraordinário, um estado místico vindo de Deus que lhes permitiu aprender aquilo que o homem não podia ver, ouvir ou entender por si mesmo; receberam uma graça inefável que as palavras são incapazes de expressar. Em todo caso, os dois contemplaram, no mesmo instante e como se fossem uma só alma, a grandeza divina, como um antegozo da visão beatífica prometida aos eleitos.

Quando desceram desse Tabor, comparado com as coisas insossas da terra, Mônica disse em tom apreensivo:

— Meu filho, para mim, nada mais tem sabor nesta vida. Que mais eu poderia fazer aqui? O que me prende aqui? Não sei! As esperanças deste mundo já não existem para mim. Só uma coisa importava e me fez querer viver novamente: ver-te católico antes de morrer. Deus cumpriu o que me prometeu: passaste a desprezar as coisas do mundo para servi-Lo. Então, o que mais me interessa aqui?

Na exaltação do momento que acabavam de viver, Agostinho acreditou que a mãe lutava, como ele mesmo, para retornar ao mundo real, de uma forma muito mais modesta do que aquela que haviam vislumbrado, sem admitir que essa graça havia sido concedida para tornar sua despedida menos dolorosa. Ele sorriu como se não desse importância ao que ela estava dizendo.

A semana seguinte a essa "contemplação de Óstia" não chegou ao fim sem que Mônica fosse tomada por uma febre violenta que a deixou de cama. Ela tinha muitas dores e chegava a perder a consciência, o que assustava os filhos. Depois de ficar inconsciente por um período mais longo, deixando Agostinho e Navígio inconsoláveis, certos de que iriam perdê-la, ela abriu os olhos e parecia já não mais reconhecê-los…, então disse:

— Enterrareis aqui a vossa mãe!

Agostinho, desolado, permaneceu mudo. Navígio tentou tranquilizá-la, garantindo que ela "jamais morreria numa terra estrangeira, mas sim na sua pátria".

Ela repreendeu seu filho mais velho com um olhar severo; aquele rapaz era valente, devotado e fiel, nunca tinha lhe causado problemas nem se desviado do caminho, mas ela achava, sem nunca ter-lhe dito, que ele era tíbio e limitado como o pai. Depois disso tudo, ela se voltou para Agostinho e disse:

— Vê o que ele está dizendo!

Nessas palavras estava tudo o que os unia: o grau de fé e a compreensão que ambos haviam alcançado, o distanciamento das coisas do mundo, coisas alheias a Navígio. Então, ela repetiu, peremptoriamente:

— Enterrai este corpo em qualquer lugar! Não vos preocupeis com ele. Peço-vos apenas uma coisa: lembrai-vos de mim no altar do Senhor, onde quer que estejais.

Ela foi direto ao ponto, com um desapego soberano. Pouco importava o túmulo onde repousariam os seus restos mortais, desde que os filhos continuassem a carregá-la em suas orações e no Santo Sacrifício do Altar. Era preciso deixar os pagãos cuidarem dos túmulos, e não procurar entre os mortos os eleitos que já viviam eternamente.

Agostinho estava imbuído dessas verdades da fé, mas isso não impediu que seu coração se partisse quando percebeu que estava perdendo a mãe. É verdade que ele tinha reprovado Mônica por tê-lo amado de maneira demasiado humana, por tê-lo visto menos como uma pessoa próxima cuja alma está em perigo, do que o filho de sua carne, de não tê-lo amado de forma sobrenatural o suficiente; mas agora esses laços mundanos que ele reprovava, por lhe parecerem insuportáveis, estavam se rompendo, e isso lhe rendia uma dor insuportável. Ele se sentiu culpado porque, na verdade, ao olhar para trás, nos seus trinta e três anos, e ver, iluminado pelas luzes sobrenaturais, o que ele tinha sido, o que tinha feito, não existia outra possibilidade a não ser admitir que não fora um bom filho. Sua preguiça, suas mentiras, seus furtos infantis, suas faltas mais graves na adolescência, o desprezo pelas tímidas advertências de sua mãe, a estupidez na qual se apoiou para comunicar a ela sua conversão ao maniqueísmo, enfim, tudo lhe causou um remorso de partir o coração. Como é que ele poderia ter se comportado tão mal com essa mãe? Como pôde perceber tão tarde os tesouros de amor e coragem de uma mãe que atravessou o Império para lhe trazer a salvação?

Em breve ela não estaria mais ali. Agostinho era um adulto e "tudo o que restava nele desde a infância esvaía-se em lágrimas", junto com a mulher que havia lhe trazido ao mundo. A morte nos arranca quem amamos, mas a certeza do reencontro eterno dá sentido à consternação diante dela, garantindo que essa separação terá um fim, ainda que não a torne menos atroz.

Mônica se deu conta de seu problema, seus arrependimentos e seu sentimento de não ter estado à altura da tarefa e nem ter tempo para se corrigir. Como, então, já sem forças, conseguiria dizer a Agostinho que tudo tinha sido esquecido, apagado, perdoado, e que levaria consigo apenas o imenso alívio de tê-lo arrancado da condenação? Ela sussurrou que ele era um "bom filho", palavras que ele precisava ouvir naquele momento de desespero; e, num esforço supremo, assegurou-lhe que jamais tinha ouvido a sua "boca proferir contra ela uma única palavra ofensiva".[18] Em seguida, já não tinha mais forças para nada, mas ainda continuou a olhar Agostinho com imensa ternura; ele ainda teve tempo para acariciar sua mão e seu rosto com imenso carinho.

A agonia chegou ao fim no início de novembro de 387, quando completava "o nono dia de doença, aos 56 anos de idade",[19] poucos dias antes do aniversário de Agostinho. Mônica fechou os olhos e rendeu o espírito.

Quando ela exalou o último suspiro, Adeodato irrompeu em soluços e gritos de dor, mas foi contido pelo tio, pois não era justo celebrar aquele último momento com lamentos e choros, pois isso seria "deplorar a morte como infelicidade ou aniquilamento total". Para Mônica, no entanto, a morte "não era nem uma desgraça, e nem o final". Eles tinham certeza disso "pelo testemunho de seus costumes, pela sinceridade de sua fé, e por outros motivos bem fundados".[20]

Evódio, um amigo de Agostinho, pegou o saltério que estava na cabeceira da cama, abriu-o ao acaso e cantou um salmo: "Quero cantar a ti, Senhor, tua justiça e tua misericórdia".[21] Agostinho, e todos ali, cantaram juntos. Ele estava extremamente calmo, sereno, parecendo até indiferente, e todos ao seu redor ficaram surpresos ao vê-lo reagir assim à morte de sua mãe tão amada. Os que o conheciam melhor devem ter se chocado com essa frieza. Isso os encorajou a não deixar o amigo sozinho com aquela dor tremenda que sequer conseguia expressar.

---

[18] Ibidem, IX, XII, 30.

[19] Ibidem, IX, XII, 29.

[20] Ibidem.

[21] Sl 100,1.

Duas mulheres piedosas da comunidade católica de Óstia, viúvas com quem Mônica tinha feito amizade, tinham vindo para ajudar no velório; as pessoas chegavam para oferecer suas condolências, mas Agostinho continuava impassível, discutindo alguns assuntos sérios com ar erudito, causando espanto com sua calma.[22]

Chegou a hora de levar o corpo. Era costume em Óstia, diferente do que era comum na África, oferecer ao falecido o Santo Sacrifício da nossa redenção, com o corpo presente.[23] É certo que este foi o pior momento, aquele que selava a irremediável despedida.

Agostinho não conseguia chorar. Só no dia seguinte, quando seu abalo diminuiu, as lágrimas correram livres, e "sobre elas repousou o coração".[24]

O tempo de luto e consolação havia começado. Agostinho poderia relembrar sua complicada, tumultuada e também magnífica relação com a mulher que lhe trouxe ao mundo. Pôde pintá-la de forma realista, sem nenhuma complacência, ciente de suas fraquezas e imperfeições, e deixar uma imagem verdadeira dessa mulher para que a posteridade pudesse conhecê-la:

> "Se alguém julgar que pequei ao chorar pela minha mãe, arrancada por um tempo da minha vista, não se ria de mim! [...]
>
> Curado o meu coração dessa ferida, pela qual poderia ser repreendido por ser uma fraqueza da carne, derramo diante de ti, Senhor, por aquela que foi tua serva, um tipo diferente de lágrimas.

---

[22] Cf. *Confissões*, IX, XII, 31.

[23] Ibidem, IX, XII, 32.

[24] Ibidem, IX, XII, 33.

[...] É verdade que, regenerada em Cristo ainda antes de ser libertada da carne, ela viveu de modo que, na sua fé e na sua conduta, o teu nome era glorificado. Portanto, não ouso dizer que, a partir do momento em que a regeneraste pelo batismo, nenhuma palavra contrária a teu preceito jamais saiu da sua boca. [...] Ai do homem, mesmo o de vida louvável, que tu julgares sem misericórdia [...], por isso, deixando de lado, por um instante, as suas boas ações, suplico pelo perdão de seus pecados. Sei que ela sempre agiu com misericórdia e perdoou, de todo o coração, as ofensas e os ofensores; mas perdoa também, Senhor, as ofensas dela, se por acaso ela tenha cometido alguma. Não chames ao juízo a tua serva, Senhor! [...] Chegando o dia de sua morte, ela jamais se preocupou em ter o corpo suntuosamente revestido ou embalsamado com aromas, nem desejou ser sepultada em notável monumento, nem mesmo ter sepultura em sua pátria. Não pediu nada dessas coisas, mas apenas que lembrássemos dela diante do teu altar. Foi seu único desejo. Pois ela não deixou de servir um só dia no teu altar, porque sabia que nele se oferece a Vítima santa. [...] A esse mistério do preço de nosso resgate e redenção tua serva uniu a alma através da fé. [...] Que ela repouse em paz ao lado do marido, antes e depois do qual ninguém a tomou por esposa. Ela o serviu oferecendo a ti os frutos de sua paciência, a fim de ganhá-lo para ti, Senhor.

E inspira, meu Senhor e meu Deus, inspira aos teus servidores, aos meus irmãos, aos teus filhos e meus senhores a quem sirvo com o coração, com minha voz, meus escritos, a todos que lerem essas páginas e se lembrem, diante de teu altar, de Mônica, tua serva, e Patrício, outrora seu esposo, eles que me introduziram misteriosamente nesta vida. Que se lembrem deles com muita piedade".[25]

A guerra, que devastou a Itália no outono de 387, e a invasão das legiões de Máximo, atrasaria o retorno de Agostinho e sua família para a África por um ano inteiro. Eles tiveram muito tempo para chorar no túmulo de Mônica. Depois foram embora, para nunca mais voltar. Em 391, Adeodato morreu, no limiar de seu vigésimo aniversário. Livre de todos os laços carnais, Agostinho daria início à vida que Deus desejou para ele, à qual sua mãe gerou com lágrimas e muita angústia.

A morte de Mônica em uma terra estrangeira pouparia sua sepultura de conhecer a sorte de tantas outras, que as invasões dos vândalos, e depois a dos muçulmanos, varreriam da face da terra. Quanto à sua memória, a grandeza de seu filho foi suficiente para jamais ser esquecida. A Igreja jamais esqueceria, apesar das falhas que Agostinho jamais pensou em esconder, que deve a ela um de seus maiores doutores.

Logo após a morte do grande bispo de Hipona, a humilde tumba de Mônica veio a ser coberta com este epitáfio:

> Aqui foram depositadas as cinzas, Agostinho, da tua mãe castíssima, uma segunda luz para os teus méritos. Tu que, assegurando os direitos celestes da paz através de teu sacerdócio, instrui na virtude os povos que te foram confiados. Uma glória maior do que a fama de vossas obras vos coroa: a glória das virtudes: ó mãe, ó filho; reciprocamente felizes!

---

[25] Ibidem, IX, XIII, 33-37.

Uma igreja, Santa Áurea, cobriu o túmulo. Mais tarde, o Papa Martinho V, que havia retornado a Roma quando se encerrou o Grande Cisma do Ocidente, empenhou-se para encontrar as relíquias de Mônica, e depositá-las numa igreja em Roma dedicada a seu filho. E é lá, na igreja de Santo Agostinho, que ela ainda repousa.

# *Referências bibliográficas*

## Fontes antigas

Agostinho:

*Cartas*

*Confissões*

*Contra Acadêmicos*

*De ordine*

*De beata vita*

*Sermões*

## Fontes modernas

ARMINJON, Victor. Monique de Thagaste. Montmélian, 1989.

BERNET, Anne. Saint Ambroise. Clovis, 1997.

BERNET, Anne. Les Chrétientés d'Afrique. Éditions de Paris, 2006.

BOUGAUD Mgr. Histoire de Sainte Monique. Librairie Poussielgue, 1866.

BROWN, Peter. La Vie de Saint Augustin. Le Seuil, 1971.

DANNEMARIE, Jeanne. Mère et fils, Monique et Augustin. Éditions Familiales, 1948.

HAMMAN, Adalbert. La Vie Quotidienne en Afrique du Nord au Temps de Saint Augustin. Hachette, 1979.

LANCEL, Serge. Saint Augustin. Fayard, 1999.